AF553663

राग-विराग

महाकवि निराला की श्रेष्ठतम
कविताओं का संकलन

राग-विराग

(महाकवि निराला की सर्वश्रेष्ठ कविताओं का संकलन)

सम्पादक
रामविलास शर्मा

लोकभारती प्रकाशन

लोकभारती प्रकाशन
पहली मंजिल, दरबारी बिल्डिंग, महात्मा गांधी मार्ग
प्रयागराज-211 001

वेबसाइट : www.lokbhartiprakashan.com
ईमेल : info@lokbhartiprakashan.com

शाखाएँ : 1-बी, नेताजी सुभाष मार्ग, दरियागंज
नई दिल्ली-110 002
अशोक राजपथ, साइंस कॉलेज के सामने
पटना-800 006
1, अनमोल सोराबजी संतुक लेन, धोबी तलाव,
मरीन लाइंस, मुम्बई-400 002

प्रस्तुत लोकभारती संस्करण : 2014
पुनर्मुद्रण : 2016, 2017, 2019, 2021, 2023, 2024

बी.के. ऑफसेट
नवीन शाहदरा, दिल्ली-110 032
द्वारा मुद्रित

RAAG VIRAG
by Suryakant Tripathi 'Nirala'
Edited by Ramvilas Sharma

ISBN : 978-81-8031-099-7

मूल्य : ₹ 895

विद्रोही कवि
निराला
की पुण्य स्मृति में

अनुक्रम

भूमिका			१३
प्रथम चरण (१९२१-३६)			
१.	रँग गई पग-पग धन्य धरा	गीतिका	३३
२.	अमरण भर वरण-गान	"	३४
३.	सखि, वसन्त आया	"	३५
४.	(प्रिय) यामिनी जागी	"	३६
५.	मौन रही हार	"	३७
६.	नयनों के डोरे लाल	"	३८
७.	जागृति में सुप्ति थी	परिमल	३९
८.	जुही की कली	"	४०
९.	जागो फिर एक बार : १	"	४२
१०.	प्रिया के प्रति	"	४५
११.	बादल-राग : १	"	४७
१२.	बादल-राग : ६	"	४९
१३.	गर्जन से भर दो वन	गीतिका	५१
१४.	जागो फिर एक बार : २	परिमल	५२
१५.	हताश	अनामिका	५५
१६.	अध्यात्म-फल	परिमल	५६
१७.	अधिवास	"	५७
१८.	ध्वनि	"	५८
१९.	विस्मृत-भोर	"	५९
२०.	वृत्ति (देख चुका, जो-जो...)	परिमल	६१
२१.	हिन्दी के सुमनों के प्रति पत्र	अनामिका	६२
२२.	सच है	"	६३
२३.	युक्ति	परिमल	६४
२४.	परलोक	"	६५

२५.	पतनोन्मुख	परिमल	६६
२६.	प्याला	"	६७
२७.	रे, न कुछ न हुआ, तो क्या?	गीतिका	६८
२८.	कौन तम के पार?—(रे, कह)	"	६९
२९.	अस्ताचल रवि	"	७०
३०.	दे, मैं करूँ वरण	"	७१
३१.	अनगिनित आ गये शरण में	"	७२
३२.	पावन करो नयन!	"	७३
३३.	वर दे, वीणावादिनी वर दे!	"	७४
३४.	बन्दूँ, पद सुन्दर तव	"	७५
३५.	भारति, जय, विजयकरे!	"	७६
३६.	जग का एक देखा तार	"	७७
३७.	टूटें सकल बन्ध	"	७८
३८.	बुझे तृष्णाशा-विषानल	"	७९
३९.	प्रात तव द्वार पर	"	८०
४०.	सरोज-स्मृति	अनामिका	८१
४१.	राम की शक्ति-पूजा	"	९२

द्वितीय चरण (१९३७-४६)

४२.	नर्गिस	अनामिका	१०५
४३.	वसन्त की परी के प्रति	"	१०७
४४.	अपराजिता	"	१०८
४५.	आये पलक पर प्राण कि	बेला	१०९
४६.	स्नेह की रागिनी बजी	"	११०
४७.	हँसी के तार होते हैं ये बहार के दिन	"	१११
४८.	वन-बेला	अनामिका	११२
४९.	तोड़ती पत्थर	"	११८
५०.	उक्ति	"	१२०
५१.	लू के झोंकों झुलसे हुए थे जो	बेला	१२१
५२.	उत्साह	अनामिका	१२२
५३.	बादल छाये	अणिमा	१२३
५४.	बातें चलीं सारी रात तुम्हारी	बेला	१२४

५५.	काले-काले बादल छाये	"	१[illegible]
५६.	टूटी बाँह जवाहर की	"	१२६
५७.	खुला आसमान	अनामिका	१२७
५८.	आरे, गंगा के किनारे	बेला	१२८
५९.	बाहर मैं कर दिया गया हूँ	"	१२९
६०.	कुछ न हुआ, न हो	अनामिका	१३०
६१.	मरण-दृश्य	"	१३१
६२.	मैं अकेला	अणिमा	१३२
६३.	स्नेह-निर्झर बह गया है	"	१३३
६४.	गहन है यह अन्ध कारा	"	१३४
६५.	मरण को जिसने वरा है	"	१३५
६६.	दलित जन को करो करुणा	"	१३६
६७.	मुसीबत में कटे हैं दिन	बेला	१३७
६८.	स्वर के सुमेरु से झरझरकर	"	१३८
६९.	शुभ्र आनन्द आकाश पर छा गया	"	१३९
७०.	बीन की झंकार कैसी बस गयी	"	१४०
७१	वेश-रूखे, अधर-सूखे	"	१४१
७२.	किनारा वह हमसे किये जा रहे हैं	बेला	१४२
७३.	किसकी तलाश में हो इतने उतावले-से?	"	१४३
७४.	जल्द-जल्द पैर बढ़ाओ	"	१४४
७५.	खून की होली जो खेली	नये पत्ते	१४५
७६.	झींगुर डटकर बोला	"	१४७
७७.	राजे ने अपनी रखवाली की	"	१४९
७८.	चर्खा चला	"	१५०
७९.	दग़ा की	"	१५२
८०.	कुकुरमुत्ता : १	"	१५३

तृतीय चरण (१९५०-६१)

८१.	वरद हुईं शारदा जी हमारी	गीतगुंज	१६३
८२.	कूची तुम्हारी फिरी कानन में	"	१६४
८३.	कुंज-कुंज कोयल बोली है	अर्चना	१६५
८४.	फूटे हैं आमों में बौर	"	१६६
८५.	अट नहीं रही है	"	१६७

८६.	खेलूँगी कभी न होली	"	१६८
८७.	केशर की, कलि की पिचकारी	"	१६९
८८.	गोरे अधर मुसकाई	आराधना	१७०
८९.	फिर उपवन में खिली चमेली	गीतगुंज	१७१
९०.	फिर बेले में कलियाँ आईं	सान्ध्य काकली	१७२
९१.	मालती खिली, कृष्ण मेघ की	गीतगुंज	१७३
९२.	बाँधो न नाव इस ठाँव, बंधु!	अर्चना	१७४
९३.	फिर नभ घन घहराये	गीतगुंज	१७५
९४.	प्यासे तुमसे भरकर हरसे	"	१७६
९५.	जिधर देखिये, श्याम विराजे	"	१७७
९६.	पारस, मदन हिलोर न दे तन	"	१७८
९७.	केश के मेचक मेघ छुटे	गीतगुंज	१७९
९८.	धिक मनस्सब, मान, गरजे बदरवा	"	१८०
९९.	(अ) धिक मद, गरजे बदरवा	सान्ध्य काकली	१८१
	(आ) समझे मनोहारि वरण जो हो सके	"	१८१
१००.	ताक कमसिनवारि	"	१८२
१०१.	शरत की शुभ्र गंध फैली	गीतगुंज	१८३
१०२.	आँख लगाई	अर्चना	१८४
१०३.	आँख बचाते हो	"	१८५
१०४.	कौन गुमान करो जिन्दगी का?	"	१८६
१०५.	कठिन यह संसार	"	१८७
१०६.	कैसे हुई हार तेरी निराकार	"	१८८
१०७.	गीत गाने दो मुझे तो	"	१८९
१०८.	ये दुख के दिन	"	१९०
१०९.	दुखता रहता है अब जीवन	आराधना	१९१
११०.	धीरे-धीरे हँसकर आईं	अर्चना	१९२
१११.	निविड़ विपिन, पथ अराल	"	१९३
११२.	शिशिर की शर्वरी	"	१९४
११३.	घन तम से आवृत धरणी है	"	१९५
११४.	नील जलधि जल	"	१९६
११५.	नील नयन, नील पलक	आराधना	१९७

११६.	हारता है मेरा मन	"	१९८
११७.	भग्न तन, रुग्ण मन	"	१९९
११८.	मरा हूँ हजार मरण	"	२००
११९.	मधुर स्वर तुमने बुलाया	अर्चना	२०१
१२०.	हे जननि, तुम तपश्चरिता	"	२०२
१२१.	माँ अपने आलोक निखारो	"	२०३
१२२.	दुरित दूर करो नाथ	"	२०४
१२३.	भजन कर हरि के चरण, मन!	अर्चना	२०५
१२४.	अशरण-शरण राम	आराधना	२०६
१२५.	सुख का दिन डूबे डूब जाय	"	२०७
१२६.	दुख भी सुख का बन्धु बना	"	२०८
१२७.	ऊर्ध्व चन्द्र, अधर चन्द्र	"	२०९
१२८.	हे मानस के सकाल!	"	२१०
१२९.	जय तुम्हारी देख भी ली	सान्ध्य काकली	२११
१३०.	पत्रोत्कंठित जीवन का विष बुझा हुआ है	"	२१२

भूमिका

सन् २३ में जब 'मतवाला' निकला, निराला ने उसके मुखपृष्ठ के लिये दो पंक्तियाँ लिखीं—

अमिय गरल शशि-सीकर रविकर राग-विराग भरा प्याला

पीते हैं जो साधक उनका प्यारा है यह मतवाला।

निराला ने सोचा था, 'मतवाला' ऐसा पत्र होगा जिसमें जीवन, मृत्यु, अमृत और विष, राग और विराग—संसार के इस सनातन द्वन्द्व पर रचनाएँ प्रकाशित होंगी। किन्तु न 'मतवाला' इन पंक्तियों को सार्थक करता था, न हिन्दी का और कोई पत्र। इन पंक्तियों के योग्य थी केवल निराला की कविता जिसमें एक ओर राग-रंजित धरती है—**रँग गई पग-पग धन्य धरा**—तो दूसरी ओर विराग का अंधकारमय आकाश : **है अमानिशा उगलता गगन घन अंधकार!**

इस कविता-संग्रह का नाम है : **राग-विराग**। यह उन कविताओं का संग्रह है जिनमें जितना आनन्द का अमृत है, उतना ही वेदना का विष। कवि चाहे अमृत दे, चाहे विष, इनके स्रोत इसी धरती में हों तो उसकी कविता अमर है। कहते हैं कि छायावादी कवि यथार्थ की धरती छोड़कर कल्पना के आकाश में विचरण करते थे। बात सच ही होगी, क्योंकि इनमें एकाध को जब पता लगा कि उनके पैर धरती पर नहीं, आकाश में हैं, तब उन्होंने औपचारिक रूप से घोषणा की कि वह आकाश से अब धरती पर उतर रहे हैं।

कवि जो कुछ लिखता है, उसे पहले कल्पना में ही देखता है, इसलिए कल्पना को त्याग कर कविता रचना संभव नहीं। किन्तु एक कल्पना वह होती है जिसमें कवि यथार्थ जीवन को देखता है, औरों की तुलना में ज्यादा गहराई से देखता है, दूसरी कल्पना वह होती है जो यथार्थ को धुँधला कर देती है, उस पर खूबसूरती का मुलम्मा चढ़ाती है। निराला की कल्पना इस धरती से दूर कोई मनोरम अपार्थिव लोक नहीं रचती। वह पृथ्वी की दृढ़ आकर्षण शक्ति से बँधी हुई है। जैसे 'उड़ि जहाज को पंछी फिरि जहाज पर आवै', वह आकाश में चक्कर काटने के बाद इसी धरती पर लौट आती है।

रँग गई पग-पग धन्य धरा। यह धरती है जो वसंत में पग-पग रँग जाती है। निराला की कल्पना धरती पर उगे हुए वृक्ष के भीतर पैठती है जहाँ उसके अंतस् की लालिमा वसन्त में और भी निखर उठती है : **तरु उर की अरुणिमा तरुणतर**। निराला की कल्पना धरती के भीतर पैटकर वनबेला की सुगन्ध के साथ ऊपर उठती है : **मस्तक पर लेकर उठी अतल**

की अतुल बास।[१] चैत की चाँदनी रात में गंगा किनारे नर्गिस का रूप देखकर निराला की कल्पना कहती है : यह स्वर्ग से उतरती हुई चाँदनी, कुछ नहीं, यदि स्वर्ग कहीं है तो इसी धरती पर, वह नर्गिस के सौन्दर्य में है। निराला की आदर्श कविता जिसमें अमृत के निर्झर झरते हैं, धरती से उठती हुई आकाश में छा जाती है—

बुझे तृष्णाशा विषानल झरे भाषा अमृत निर्झर,
उमड़ प्राणों से गहनतर छा गगन लें अवनि के स्वर।

इस धरती के सौन्दर्य से निराला का मन बहुत दृढ़ता से बँधा हुआ है। आकाश में उड़ने वाले रोमांटिक कवियों और धरती के कवि निराला में यही अन्तर है।

पृथ्वी का गुण है गन्ध। अपने सबसे परिष्कृत सुखद रूप में यह गंध फूलों के माध्यम से मनुष्य को सुलभ होती है। जैसे कीट्स ने नाइटिंगेल और शेली ने स्काईलार्क पक्षियों को अमर कर दिया, वैसे ही जुही, बेला या नर्गिस का नाम लेते ही निराला का स्मरण हो आता है। चाँदनी रात, मलयानिल, उपवन, सर-सरित, गहन गिरि-कानन इन सबके केन्द्र में जुही की कली। गंगा के कगार, आकाश में नक्षत्र, चन्द्रमा, विश्व का तारतम्य सघन—इन सबका केन्द्र नर्गिस। धरती पर लू के झोंके, आकाश में जलता हुआ सूर्य, चारों ओर धूल, कवि का अशान्त मन और इन सबके केन्द्र में वनबेला। निराला को फूलों से ऐसा ही प्रेम था। प्रकृति के केन्द्र में धरती की सुगन्ध।

निराला के लिए फूल का खिलना संघर्ष की परिणति है। रूप हो चाहे गंध—फूल के लिए यह सहज प्राप्य नहीं है। 'कर्म जीवन के दुस्तर क्लेश' भेद कर वनबेला ऊपर आती है, उसके मस्तक पर पृथ्वी और आकाश का ताप और त्रास भी है। कोई आश्चर्य नहीं, निराला कली के खिलने को क्रान्तिकारी परिवर्तनों का प्रतीक भी मान लेते थे—

टूटें सकल बन्ध
कलिके, दिशा-ज्ञान-गात हो बहे गन्ध।

फैजाबाद में प्रान्तीय साहित्य सम्मेलन के अधिवेशन में राजनीतिज्ञों को लक्ष्य करके निराला ने यही गीत गाया था।

रूप से अधिक निराला को फूलों की गन्ध प्रिय थी। जिस रूप में पृथ्वी का गुण—गन्ध— न हो वह रूप ही क्या? चमक दमक वाले निर्गन्ध फूलों को 'सीज़नल फ्लावर' कहकर वह उन्हें भाव शून्य कोमलकान्त पदावली का प्रतीक बना देते हैं।

वसन्त निराला की प्रिय ऋतु है। शिशिर की लम्बी रातें जैसे-जैसे छोटी होती हैं, धरती के भीतर नये वर्ण, नयी गन्ध फूलों-पत्तियों में फूटने को होती है, निराला की प्रतिभा नये गीत रचने को कसमसाती है। साहित्यिक जीवन के अभ्युदय काल में जब उन्होंने 'जुही की कली' लिखी थी, तब से अंतिम प्रणय बेला तक यह क्रम चलता रहा। वसन्त आनन्द और उल्लास

---

१. **मूल पाठ—बास, बाद को निराला ने इसे साँस कर दिया था।**

की ऋतु है। सभी रोमांटिक कवियों ने एक-दूसरे से बढ़-चढ़कर वसन्त का वर्णन किया है। इस वर्णन की एक विशेषता यह है कि वसन्त की शोभा को और भी भव्य बना देने के लिए वे पौराणिक गाथाओं से मदन, रति, वनदेवियों आदि को विहारभूमि में अवतरित करते हैं। **कुमारसंभव** का तीसरा सर्ग इस कला का अनूठा उदाहरण है। किन्तु निराला के लिए धरती में ही ऐसा अनन्त सौन्दर्य है कि उसे और भव्य बनाने के लिए वनदेवियों की आवश्यकता नहीं है।

नारी के सौन्दर्य के बिना वसन्त का उल्लास अधूरा है। निराला की शृंगारी रचनाएँ देखकर विरोधी आलोचक कहते थे—ये कैसे छायावादी कवि हैं, जो अपने को ही रहस्यवादी कहते हैं और नारी सौन्दर्य के गीत भी गाते हैं।

निराला वैसे ही रहस्यवादी कवि थे जैसे मलिक मुहम्मद जायसी आदि प्रेममार्गी सूफी कवि थे या आधुनिक काल में रवीन्द्रनाथ ठाकुर थे। जायसी और रवीन्द्रनाथ का मन सन्तों और योगियों की नारी-संबंधी वर्जनाओं से मुक्त था। रीतिवादी कवियों के नखशिख वर्णन में चमत्कारप्रियता अधिक, यथार्थ-चित्रण कम; नायिका भेद वाली रचनाओं में अवकाशभोगी वर्ग के लिए उत्तेजना का सामान जितना है, उतना उल्लास का नहीं। निराला की शृंगार-भावना अधिक नियंत्रित और उदात्त है। उदात्तता—काव्य का ऐसा गुण है जो साधारणतः वीर-रस की रचनाओं में तो मिलता है, शृंगार की अधोमुखी वृत्ति से मानो उसका सहज वैर हो। निराला की रचनाओं में सौन्दर्य के प्रति प्रबल आकर्षण है और वह नियंत्रित रहता है, इसलिए उदात्त है। अधिकांश भक्तों की तरह निराला के लिए आवागमन से मुक्ति एकमात्र मुक्ति नहीं है। वासना की मुक्ति-मुक्ता त्याग में तागी, यामिनी जागी—यह पुरुष और नारी दोनों की मुक्ति है, इस भौतिक संसार में।

अनेक किशोर-मन, दमित इच्छाओं वाले रूमानी कवियों की तरह निराला निरावृत्त नारी-सौन्दर्य के सपने नहीं देखते। मानवीय काम-चेतना की सहज स्वस्थ अभिव्यक्ति उनकी शृंगारी रचनाओं की विशेषता है। उनकी शृंगार-भावना उन कवियों की तृष्णा से भी भिन्न है जो नारी के रूप पर तभी रीझते हैं जब वह अदृश्य, अस्पृश्य, अज्ञात—उनके कल्पना-लोक की परी बन जाती है। निराला के लिए स्त्री इस धरती पर रहने और विहार करने वाली अस्थि-मांस की स्त्री ही है।

रीतिवादी और रोमांटिक कवियों से भिन्न निराला की रचनाओं में नारी के अनेक रूप हैं, वह प्रेयसी है, वधू, विधवा है, श्रमिक नारी भी—वह तोड़ती पत्थर, अट्टालिकाओं के बीच, सड़क के किनारे, गर्मी की धूप और लू सहती हुई, पत्थर तोड़ने वाली एक भारतीय श्रमिक नारी।

गर्मी, जाड़ा, बरसात—कोई ऋतु हो, रीतिवादी कवि के लिए उसमें उद्दीपन का सामान मौजूद रहता है। सामान्य छायावादी कवि ग्रीष्म के तापत्रास से भागता है। ग्रीष्म निराला की अप्रिय ऋतु है किन्तु वह उसका सामना करते हैं—

यह सान्ध्य समय,
प्रलय का दृश्य भरता अंबर,

पीताभ, अग्निमय, ज्यों दुर्जय,
निर्धूम, निरभ्र, दिगन्त प्रसर,
कर भस्मीभूत समस्त विश्व को एक शेष,
उड़ रही धूल, नीचे अदृश हो रहा देश। *(वनबेला)*

छायावादी काव्य में ग्रीष्म की संध्या का इससे अच्छा और यथार्थ चित्रण दूसरा नहीं है। धूल के नीचे अदृश्य होने वाले देश की सार्थक प्रतीक-व्यंजना अलग।

जितना ही ग्रीष्म का ताप भीषण है, उतना ही प्रबल वर्षा का आकर्षण है। **लू के झोंकों झुलसे हुए थे जो भरा दौंगरा उन्हीं पर गिरा।** निराला ने वसन्त से भी अधिक गीत और मुक्तक वर्षा पर लिखे हैं। इन रचनाओं में वर्षा के प्रति ऐसा अदम्य आवेग प्रकट हुआ है जो जेठ-बैसाख की लू सहने वाले के लिए बहुत स्वाभाविक है। आकाश में घटाएँ, मूसलाधार वर्षा, नदी-नालों में बाढ़—**देख-देख नाचता हृदय, बहने को महा विकल—बेकल,** ऐसा उद्वेग।

कालिदास से लेकर रवीन्द्रनाथ तक, वर्षा काल में प्रेयसी का स्मरण, भारतीय काव्य-परम्परा का अंग बन गया है। निराला का मन **मेघदूत** के काव्यलोक से बाहर रहता है। वर्षा गीतों में प्रेयसी को याद करके आँसू बहाने के लिये उन्हें अवकाश नहीं। बहुत थोड़े गीतों में वह नारी सौन्दर्य की बात भी सोचते हैं और ऐसे गीतों में विरह की करुणा नहीं, संयोग की लालसा है—**आज भेंट होगी—हाँ होगी निस्संदेह.......आज मिटेगी व्याकुल श्यामा के अधरों की प्यास।**

वर्षा ऋतु का जैसा भावपूर्ण चित्रण भारतीय काव्य में है, वैसा अंग्रेजी काव्य में संभव नहीं था। इटली में रहने वाले अंग्रेज कवि भी बादलों को मँड़राते भर देखते हैं, फुहार आयी कि वह कमरे के भीतर हुए। वर्षा से निराला की आत्मीयता मानसिक ही नहीं, दैहिक है। जिस धरती से छोटे-छोटे पौधे बादल को अपनी ओर बुलाते हैं, उसमें और निराला के मानस में एक प्रकार का तादात्म्य है। आकाश में घटाएँ उठने से लेकर **बहुत दिनों बाद खुला आसमान** तक निराला वर्षा का हर रूप देखते हैं, उसका चित्रण करते हैं।

वर्षा सृजन का प्रतीक है, निराला के लिए ध्वंस का भी। जैसे राग के साथ विराग, वैसे ही सृजन के साथ ध्वंस। निराला उल्लास और विषाद के ही कवि नहीं, संघर्ष और क्रान्ति के भी कवि हैं। इस क्रान्ति का लक्ष्य है, स्वाधीन शोषण-मुक्त समाज। भारत में तरह-तरह के क्रान्तिकारी हुए हैं किन्तु भारत में क्रान्ति नहीं हुई, अंग्रेजी कानून के मातहत विभाजित राष्ट्र को आजादी मिली। प्रेमचंद और निराला का ऐतिहासिक महत्त्व यह है कि उन्होंने समझा कि भारतीय स्वाधीनता आन्दोलन की धुरी है—किसान-क्रान्ति, साम्राज्यवाद के मुख्य समर्थक सामन्तों के खिलाफ जमीन पर अधिकार करने के लिए किसानों का संघर्ष। आजाद होने के लगभग पच्चीस वर्ष बाद देश में तरह-तरह के भूमि आन्दोलन हो रहे हैं, उसमें निराला के क्रान्तिकारी दृष्टिकोण की सच्चाई मालूम होती है। सन् '२४ में निराला ने लिखा था—

जीर्ण बाहु, है जीर्ण शरीर
तुझे बुलाता कृषक अधीर,
ऐ विप्लव के वीर!
चूस लिया है उसका सार,
हाड़ मात्र ही है आधार,
ऐ जीवन के पारावार!

इस स्थिति में अभी लौकिक परिवर्तन नहीं हुआ।

निराला के राजनीतिक दृष्टिकोण की क्रान्तिकारी विशेषता दूसरे महायुद्ध के दौरान और उसकी समाप्ति पर लिखी अनेक कविताओं में दिखाई देती है। मिल-मालिकों, जमींदारों और अंग्रेजों के '**हृदय परिवर्तन**' द्वारा मिलने वाली आजादी के प्रति निराला और कांग्रेसी नेताओं के दृष्टिकोण में मौलिक अन्तर था और वह अन्तर इन कविताओं में देखा जा सकता है।

अनेक छायावादी कवियों के 'गंभीर' लेखन के विपरीत निराला की रचनाओं में हास्य और व्यंग्य की मात्रा काफी है। इस तरह की रचनाओं में **कुकुरमुत्ता** का स्थान अन्यतम है। छायावाद के विरोधियों, जनता को धोखा देने वाले राजनीतिज्ञों, देश की प्रगति रोकने वाले तरह-तरह के निहित स्वार्थों पर निराला व्यंग्य करते ही थे किन्तु 'कुकुरमुत्ता' जैसी रचनाओं में वह कुछ छायावादी मान्यताओं पर भी व्यंग्य करते हैं जो उन्हें प्रिय थी यद्यपि उन्हें संशय की निगाह से वह पहले भी देखते थे। कुकुरमुत्ता ब्रह्म के समान अनेक रूप धारण करता है; वही विष्णु का सुदर्शन चक्र है, यशोदा की मथानी है, सुबह का सूरज और शाम का चाँद है। भास-कालिदास ने उसमें गोते लगाये हैं और हाफिज-रवीन्द्रनाथ किनारे खड़े देखते रहे हैं। कुकुरमुत्ता अगर ब्रह्म के समान व्यापक न होता तो उसमें कोई गोते कैसे लगायेगा, उसके किनारे खड़े होकर टुकुर-टुकुर ताकेगा कैसे? कुकुरमुत्ता के प्रच्छन्न व्यंग्य स्वयं निराला की ब्रह्म संबंधी विचारधारा पर है।

ब्रह्म और माया वाले सिद्धान्त के प्रति निराला के मन में संशय बहुत पहले से था। इन संशय की श्रेष्ठ अभिव्यक्ति उनकी 'अधिवास' कविता में है। **कौन तम के पार, रे कह**—इस तरह के गीतों में सच्चिदानंद ब्रह्म का पक्ष छोड़कर अंधकार, शून्य अथवा प्रकृति को एकमात्र सत्य मानकर निराला उससे संसार.और मनुष्य का संबंध जोड़ते हैं। अधिकांश प्रकाश-प्रेमी छायावादी कवियों की तुलना में निराला की रचनाओं में प्रकाश से अंधकार अधिक है। '**राम की शक्ति-पूजा**' उनकी सबसे ओजपूर्ण रचना है और उसमें अंधकार भी अन्य कविताओं की अपेक्षा अधिक है।

'राम की शक्ति-पूजा' जैसे उदात्त काव्य और 'कुकुरमुत्ता' जैसी हास्यरस की रचना में आकाश-पाताल जैसा अन्तर है, फिर भी इनकी एक सामान्य विचार-भूमि है। राम के मन में जो संशय है, **स्थिर राघवेन्द्र को हिला रहा फिर-फिर संशय**—इस संशय का सम्बन्ध कहीं उस संशय से भी है जिसे निराला ने 'अधिवास' में प्रकट किया था। राम ब्रह्म हैं। माया ब्रह्म की शक्ति है। वेदान्ती का लक्ष्य माया का आवरण पार करके ब्रह्म तक पहुँचना होता है।

ब्रह्म शक्ति की पूजा क्यों करें? यदि मान लें कि राम मनुष्य हैं या मानव चरित्र कर रहे हैं तब प्रश्न होगा कि मनुष्य ब्रह्म की पूजा न करके माया की पूजा क्यों करता है। इस प्रश्न का उत्तर स्वयं निराला के इस प्रश्न से मिलेगा—**कौन तम के पार, रे कह**। इसीलिए रावण से युद्ध में पराजित होकर संशयचित्त राम शक्ति की साधना करते हैं।

निराला दार्शनिक कवि हैं। कुछ दर्शन शास्त्र उन्होंने किताबों में पढ़ा था, कुछ रामकृष्ण मिशन के साधुओं के साथ रहते हुए सुना था, बहुत कुछ अपने जीवन के विषाक्त अनुभवों में स्वयं देखा था। अनुभवों में जो देखा था, वह पढ़े और सुने हुए दर्शन शास्त्र से हमेशा मेल न खाता था। इसलिए उनके काव्य में सुव्यवस्थित दार्शनिक चिन्तन की जगह परस्पर विरोधी विचार मिलेंगे, जिनमें एक तरह के विचारों का स्रोत है पढ़ा और सुना हुआ दर्शन शास्त्र और दूसरी तरह के विचारों का स्रोत है उनका अपना अनुभव-जन्य ज्ञान। चाहते वह यही हैं कि चारों ओर उन्हें ब्रह्म का आनन्दमय प्रकाश दिखाई दे। इस प्रकाश की कल्पना करके वह लिखते हैं—**गई निशा वह, हँसी दिशाएँ, खुले सरोरुह, जगे अचेतन,** (गीतिका में ५६वाँ गीत)। किन्तु अपने चारों ओर विरोध का वातावरण देखकर उन्हें दिखाई देता है अँधेरा जिसमें—

फिर सुना—हँस रहा अट्टहास रावण खलखल।

निराला ने मृत्यु और विषाद पर बहुत-सी कविताएँ लिखी हैं। इनमें और पीड़ावादी रचनाओं में बहुत बड़ा अन्तर है। मैं नीर भरी दुख की बदली या पीड़ा में तुमको ढूँढ़ा, तुममें ढूँढ़ूँगी पीड़ा—इस परम्परा की रचनाओं में जो भावात्मक सार है, निराला की कविताओं के भाव-बोध का स्तर उससे भिन्न हैं। चिता में सो जाने की आकांक्षा व्यक्त करने वाली कविताएँ, अपना-अपना सलीब ढोने वाली सैकड़ों दर्द भरी रचनाएँ आजादी मिलने से पहले और बाद को काफी संख्या में लिखी गयीं। हलके स्तर की भावुकता और उदात्त करुण रस में जो अन्तर है, वह इन कविताओं और निराला की रचनाओं में है। आत्मपीड़न के चित्रों द्वारा अपने प्रति दूसरों की करुणा उभारने का भाव इनमें भरा पड़ा है। इसके अनुसार निराला का स्वर एक संघर्षरत योद्धा का स्वर है जिसके हृदय में लांछना की आग धधक रही है किन्तु जिसे अपनी शक्ति का भरोसा है, अपने विजयी होने का विश्वास है—

प्रात तव द्वार पर,
आया, जननि, नैश अन्ध पथ पार कर।

इसी जननी से वह दुख दूर करने वाले पद-राग-रंजित मरण की याचना करते हैं। यह दुख से त्रस्त होकर मृत्यु की शरण जाने की आकांक्षा नहीं है, मृत्यु पर विजय पाने, शक्ति के सागर को पार जाने की आकांक्षा है—

प्राण-संघात के सिंधु के तीर मैं,
गिनता रहूँगा न कितने तरंग हैं,
धीर मैं ज्यों समीरण करूँगा तरण।
दे मैं करूँ वरण
जननि, दुखहरण पद-राग-रंजित मरण।

पद-राग-रंजित मरण की याचना की परिणति प्राण-संघात के सिंधु को पार कर जाने में होती है।

निराला ने मौत की सूरत अपने साहित्यिक जीवन में लम्बे अर्से तक देखी। **हमारा डूब रहा दिनमान, मास-मास, दिन-दिन प्रति फल, उगल रहे हो गरल-अनल जलता यह जीवन असफल**। यह सन् '२५ की रचना है। प्रतिदिन कर्ममय जीवन की चिता में जलने की अनुभूति—उस विष की अनुभूति जो दग्ध करता है किन्तु भस्म नहीं करता, भवभूति के शब्दों में—**ज्वलयति तनूमन्तर्दाहः करोतिं न भस्मसात्।**

अस्ताचल रवि, जल छलछल-छवि—यह सरोज की मृत्यु के बाद सन् '३५ की लिखी हुई कविता है। **गहन है यह अंध कारा** अथवा **स्नेह निर्झर बह गया है**—ये रचनाएँ युद्धकाल की हैं। **धीरे-धीरे हँसकर आयी, मेरे जीवन की परछाईं**—अथवा **मरा हूँ हजार मरण**—ये उनके अन्तिम दौर की रचनाएँ हैं। जैसे-जैसे बुढ़ापा आया, मृत्यु स्वप्न न होकर प्रत्यक्षवत् होने लगी, निराला की निगाह और भी सध गयी। वह बड़ी दृढ़ता से, बड़ी तटस्थता से उसे देखते हैं; अब न वह उसे ललकारते हैं न अपने विजयी होने की घोषणा करते हैं। वह बस उसे देखते हैं, उस मन से जो न पराजित हैं न अपराजित। अपनी बात वह बिंबों के माध्यम से, शब्दों की लय के द्वारा कहते हैं, अर्थ बहुत स्पष्ट नहीं होता, न हो सकता है। कथ्य कम, सांकेतिक अभिव्यंजना अधिक है।

निराला ने अनेक विनय के पद लिखे हैं। तुलसीदास के बाद ऐसे मर्मवेधी विषाद के स्वर केवल निराला के गीतों में सुनाई देते हैं। जिन गीतों में उन्होंने राम को पुकारा हो, उनकी संख्या कम है। जिनमें मृत्यु और शक्ति का आह्वान किया हो, उनकी संख्या अधिक है—विनय में भी चुनौती का भाव। निराला की विनय अधिकांशतः जीवन-संघर्ष में जूझने के लिए शक्तिसंचय के उद्देश्य से है। भक्ति ही जहाँ साध्य हो, ब्रह्म में लीन हो जाने का भाव मुक्ति का जहाँ श्रेष्ठ रूप हो—वह भक्ति या मुक्ति निराला की नहीं है। जब वह सरस्वती वन्दना करते हैं तब वरदान यह माँगते हैं—

प्रिय स्वतंत्र रव अमृत मन्त्र नव भारत में भर दे!

जिस कविता में वह संसार से विदा लेते हैं, उनमें उनकी अंतिम आकांक्षा ब्रह्म में लीन होने की नहीं फिर से नया जीवन आरम्भ करने की है।

पुनः सबेरा, एक और फेरा हो जी का।

यहाँ 'फेरा' शब्द बहुत सार्थक है। जैसे शास्त्र के सहारे निराला के दार्शनिक चिन्तन की व्याख्या नहीं हो सकती, वैसे ही भक्ति-संबंधी परम्परागत धारणाओं के सहारे निराला के विनय के पदों की व्याख्या नहीं हो सकती।

कालिदास और रवीन्द्रनाथ के काव्य-संसार में मन को लुभाने वाली रंगीनी है, उसमें करुणा की नीलिमा भी है किन्तु निराला के काव्य-लोक का प्रगाढ़ अंधकार उसमें नहीं है। उस अंधकार से परिचित हैं भवभूति और शेक्सपियर। कालिदास, रवीन्द्रनाथ की काव्य-परम्परा और भवभूति की, निराला की काव्य-परम्परा में यह मौलिक अन्तर है।

निराला गीत रचते हैं, कविता में भाषण भी करते हैं। वक्तृत्वकला—यह संस्कृत के महाकवियों में है, तुलसीदास में है, प्रसाद की **पेशोला की प्रतिध्वनि** जैसी रचनाओं में है। अधिकांश छायावादी और अस्तित्ववादी कवियों के आत्म-निवेदन वाले काव्य में नाटकीयता और वक्तृत्वकला का प्रायः अभाव है। जब दृष्टि बहुत ज्यादा आत्मपरक होगी और आत्मपरक भी ऐसी कि तटस्थ न होकर आत्ममुग्ध हो, तो कला पर उसका ऐसा ही प्रभाव होगा। यह वक्तृत्वकला शेक्सपियर के अनेक नाटकों में है, रिचार्ड दि थर्ड, ब्रूटस, ऐण्टनी, क्लियोपाट्रा, कोरिओलानस अपनी वक्तृत्वकला की विशेषताएँ अनेक स्थलों पर प्रदर्शित करते हैं। रोमांटिक कवियों में बायरन ने इस कला का खूब विकास किया जहाँ आत्मविभोर गेयता—लिरिक काव्य—की अतिशयता है, वहाँ वक्तृत्वकला का ह्रास है।

महाराज शिवाजी का पत्र में निराला ने इस कला का श्रेष्ठ उदाहरण प्रस्तुत किया है। यह ऐसी कविता है जिसमें कवि जितना श्रोता के भावों को जगाता है, उससे ज्यादा तर्क द्वारा उसके विवेक को झकझोरता है। तर्क और भाव एक-दूसरे के इतने निकट हैं कि एक ही ओजपूर्ण प्रवाह में वे पाठक के मन को वहाँ ले जाते हैं। जागो फिर एक बार (२) रचना—**समर में अमर कर प्राण** इत्यादि—अत्यन्त ओजस्वी भाषण हैं जिसमें तर्क का सहारा कम, परिस्थिति के चित्रण द्वारा भावोन्मेष के लिए प्रयत्न अधिक है। युद्ध का सीधा वर्णन किये बिना, बिम्बों की सहायता से—मुक्त छन्द के प्रवाह और ध्वनि के आवर्तों से—निराला समरभूमि और संघर्ष का चित्र उपस्थित कर देते हैं। भावात्मक ऊर्जा से दीप्त होकर उनके बिम्ब मन पर वह प्रभाव डालते हैं जो भाषण मात्र से नहीं पड़ सकता। **कुकुरमुत्ता** के प्रारम्भिक वर्णनात्मक अंश के बाद 'अबे, सुन बे गुलाब' से कुकुरमुत्ता का भाषण आरम्भ होता है। गुलाब को रूमानी कविता का प्रतीक मानकर निराला की तर्कश्रृंखला की परिणति वहाँ होती है जहाँ कुकुरमुत्ता कहता है—

ख्वाब में डूबा चमकता हो सितारा,

पेट में डण्ड पेलते चूहे, जबाँ पर लफ्ज प्यारा।

तर्क की दूसरी श्रृंखला में बिम्बों की प्रधानता है जिनके द्वारा ब्रह्म के समान कुकुरमुत्ता अपनी विराट् सर्वव्यापी सत्ता की घोषणा करता है। निराला वक्तृत्वकला का उपयोग हास्य और व्यंग्य के लिए, वीरभावना जगाने के लिए परस्पर विरोधी से लगने वाले उद्देश्यों की सिद्धि के लिए कर सकते हैं। हिन्दी में यह कला अन्यत्र दुर्लभ है। **पेशोला की प्रतिध्वनि** जैसी रचनाओं में प्रसाद का वर्णिक मुक्त छन्द निराला के अनुकरण पर लिखा गया है; वक्तृत्वकला भी निराला के काव्य से प्रेरित है।

जो लोग कविता को विशुद्ध भावोद्गार मानते हैं; उन्हें यह वक्तृत्व-कौशल बहुत नहीं सुहाता। जहाँ कवि तर्क की लड़ियाँ जोड़ता है, वहाँ आँखों से ढुलक कर अनजान बह चलने वाली कविता खत्म हो जाती है। किन्तु निराला के भावतत्त्व को उनकी मेधा पूर्वनिश्चित सीमाओं में बाँधे रहती है, मेधा उनकी भाव-शक्ति से पराभूत नहीं होती। उर्दू के शायर अपने शेर गढ़ते हैं, निराला कविता रचते हैं। पूरी कविता में सुघर स्थापत्य का सौन्दर्य—जिसके

तीन श्रेष्ठ उदाहरण हैं, **तुलसीदास, सरोज-स्मृति और राम की शक्ति-पूजा**। यहाँ संवाद में वक्तृत्वकला है, पृष्ठभूमि के चित्रण में वर्णनात्मक सौन्दर्य, पात्रों के आन्तरिक बाह्य संघर्ष में नाटकीयता।

शेक्सपियर के नाटकों की तरह एक है बाह्य संघर्ष, दूसरा मुख्य पात्र का आन्तरिक संघर्ष, कला दोनों की अविच्छिन्न एकता प्रदर्शित करने में है। तुलसीदास रीतिवादी शृंगारपरक संस्कृति से संघर्ष करते हैं किन्तु इस संस्कृति के अनुकूल संस्कार उनके अपने मन में भी हैं। रत्नावली के प्रति उनकी आशक्ति इसका प्रमाण है। यह आसक्ति प्रेमी के विह्वल आत्म-निवेदन में नहीं, उनकी तर्क-योजना द्वारा प्रकट की गयी। बन्धन के बिना कहीं प्रगति होती है, नारी के बिना कहीं सुख मिलता है?

बँध के बिना, कह, कहाँ प्रगति?
गतिहीन जीव को कहाँ सुरति?
रति रहित कहाँ सुख? केवल क्षति—केवल क्षति।

तुलसीदास की तर्क-योजना का यह रूप है। इस तर्क योजना से उन्हें मुक्ति करती है रत्नावली, स्वयं तुलसीदास के सोते हुए संस्कार जगा कर उनकी सहायता करते हैं।

सरोज-स्मृति में ऐसी मुक्ति कवि के लिए सम्भव नहीं है। निराला के मन का द्वन्द्व शृंगार और वैराग्य को लेकर नहीं, जीवन-संघर्ष की सफलता-असफलता को लेकर है—

कन्ये, मैं पिता निरर्थक था
कुछ भी तेरे हित कर न सका।

बहुत सीधे-सादे ढंग से निराला ने अपने मन की ग्लानि व्यक्त की है। इस तरह ग्लानि के आगे उन्होंने आत्म-समर्पण कर दिया हो, तो उसे मानसिक द्वन्द्व की संज्ञा देना गलत होगा। निराला के मन में एक ओर यह तीव्र ग्लानि है, दूसरी ओर अपनी साहित्यिक सिद्धि में प्रबल विश्वास भी है। **मैं कवि हूँ, पाया है प्रकाश** आदि कविता की आरम्भिक पंक्तियों में उन्होंने यह विश्वास प्रकट किया है। ग्लानि और विश्वास में द्वन्द्व है।

शोक-गीत हिन्दी में तो कम लिखे गये। यूरोप की भाषाओं में ऐसा शायद ही कोई प्रभावशाली गीत हो जिसे कवि पिता ने अपनी पुत्री के निधन पर लिखा हो। मित्र या प्रियतमा पर लिखे हुए शोक-गीतों में कवियों ने प्राकृतिक सौन्दर्य के चित्रण से, पौराणिक गाथाओं की वनदेवियों के अवतरण से अपनी अभिव्यंजना को अलंकृत किया है। निराला की इस रचना में इस तरह के अलंकरण का अभाव है। इसके विपरीत रूढ़िवादी समाज के चित्रण में निराला का एक विक्षुब्ध अट्टहास है, शेक्सपियर के महानाटकों में गम्भीर भावाभिव्यक्ति के साथ हास और व्यंग्य के मिश्रण की तरह।

यूरोपीय गीतों की परम्परा है कि अन्त में कवि के दुख को हलका दिखाकर आशा का सन्देश सुना दें। तुलसीदास को ज्ञान प्राप्त हो जाता है और आकाश में प्रभात की किरण फूट पडती है। राम की शक्ति-पूजा में एक कमल का फूल चोरी चले जाने से विघ्न पडता है।

किन्तु राजीवलोचन राम कमल की जगह अपने नेत्र निकाल कर रखने को होते हैं कि दुर्गा उनका हाथ पकड़ लेती हैं। शक्ति-पूजा सफल होती है, शक्ति राम में प्रवेश करती हैं। किन्तु पुत्री से वियुक्त पिता को न तुलसीदास का ज्ञान धैर्य बँधा सकता है, न राम की शक्ति-पूजा। निराला को अपना समस्त कवि जीवन व्यर्थ लगता है जिसकी परिणति है सरोज का निधन। वह स्वयं शाप देते हुए कहते हैं—

हो इसी कर्म पर वज्रपात
यदि धर्म, रहे नत सदा माथ
इस पथ पर, मेरे कार्य सकल
हों भ्रष्ट शीत के-से शतदल!
कन्ये, गतकर्मों का अर्पण
कर, करता मैं तेरा तर्पण!

मानो श्मशान में निराला नहीं निराला का प्रेत सरोज का तर्पण कर रहा हो।

यूरोप के शोक-गीतों में दुःख और क्षोभ की ऐसी विकट परिणति कहीं नहीं है। किन्तु शेक्सपियर के **किंग लियर** में है, मृत्यु के कुछ क्षण पूर्व जब वह मृत कन्या कौर्डिलिया का शव लिए मंच पर आता है—

Why Should a dog, a horse, a rat, have life,
And thou no breath at all? Thou' It come no more,
Never, never, never, never, never!

निराला का क्रुद्ध-विक्षुब्ध स्वर लियर की करुण व्याकुल पुकार से मिलती-जुलती है।

निराला ने गतकर्म सरोज को अर्पित कर दिये, फिर नया कर्म आरम्भ किया, उन्होंने **राम की शक्ति-पूजा** लिखी। '**सरोज-स्मृति**' से निराला का आधा दुख सरोज की मृत्यु के कारण है, आधा उनके अपने संघर्षों के कारण। उन्होंने जो लिखा था—

दुख ही जीवन की कथा रही
क्या कहूँ आज जो नहीं कही।—

वह दुख की कथा सरोज के जन्म से पहले शुरू हुई थी और सरोज की मृत्यु के बाद बहुत दिन तक चलती रही। उसी की एक कड़ी है **राम की शक्ति-पूजा।**

अत्मग्लानि का स्वर यहाँ भी है : **धिक् जीवन को जो पाता ही आया विरोध।** निराला के राम तुलसीदास के राम से भिन्न और भवभूति के राम के निकट हैं, **धिक् माम् अधत्यमः** भवभूति के राम कहते हैं। आत्मग्लानि का स्वर तो है लेकिन संघर्ष मानो और भी तीव्र हो उठा है। तुलसीदास से युद्ध करने प्रत्यक्ष कोई नहीं आता। मोगल दलबल के जलद यानों से जिन्हें लड़ना था, वे लड़ चुके, तुलसीदास का मुख्य संघर्ष आन्तरिक है, उन्हें मुक्ति पानी है अपने संस्कारों से, रत्नावली के प्रति अपनी आसक्ति से। सरोज-स्मृति में शत्रुदल

बिखरा हुआ है, बैसवाड़े के विप्रवर्ग से लेकर संपादकों-प्रकाशकों तक। निराला के दु:ख क्लेश के लिए जहाँ यह परिवेश उत्तरदायी है, वहाँ कोई अदृश्य नियति भी मानो उनकी विजय को पराजय में बदल देती है। कुण्डली में दो विवाह लिखे थे, कन्या ने वह कुण्डली फाड़ दी, निराला ने भाग्य की ओर देखा—

खण्डित करने को भाग्य अंक

देखा भविष्य के प्रति अशंक।

निराला का यही भाग्य-विरोधी मन कविता के अन्त में कहता है—

हो इसी कर्म पर वज्रपात

यदि धर्म........

यहाँ धर्म का अर्थ है भाग्य, ऐसा भाग्य जिसे निराला की उग्र दृष्टि खण्डित नहीं कर सकती। **मुझ भाग्यहीन की तू संबल**—में उसी नियतिवाद की ओर संकेत है।

राम पराजित हैं, राम के मन में ग्लानि है किन्तु राम के एक मन और है जो पराजित होना नहीं जानता—

वह रहा एक मन और राम का जो न थका।

राम की शक्ति-पूजा से पहले निराला ने अपने इस दूसरे मन को न पहचाना था। तुलसीदास का एक ही मन है जो पुराने संस्कारों पर मुग्ध होता है, उनसे लड़ता है। **सरोज-स्मृति** के निराला का एक ही मन है जो गर्व करता है कि ज्योतिस्तरणा के चरणों में रहकर उसने प्रकाश देखा है, स्वयं को निरर्थक पिता होने के लिए धिक्कारता है और अन्त में अपने गतकर्मों से कन्या का तर्पण करता है। किन्तु **राम की शक्ति-पूजा** में राम के दो मन हैं, संघर्ष और तीव्र हो गया है। वेदना की किरणों ने वज्रकठोर अन्तर को बीच से तोड़ कर उसके दो हिस्से कर दिये हैं, अब से निराला का मन ग्लानि, पराजय और विक्षेप के नाटक देखेगा जो दूसरे मन को आन्दोलित करेंगे किन्तु—**वह रहा एक मन और राम का जो न थका**—वह अथक अपराजेय, अविचलित मन ग्लानि, पराजय और विक्षेप के ऊपर सदा उठा रहेगा—साक्षीरूप दृष्टा के समान।

तुलसीदास की शुरुआत होती है सूर्यास्त से किन्तु आगे चलकर कविता में चाँदनी है या सूर्य का प्रकाश, घना अँधेरा कहीं नहीं है। **सरोज-स्मृति** में प्रकाश-दर्शन का आश्वासन है, कविता में हलकी-फुलकी धूप है, निविड़ अंधकार जहाँ-तहाँ है। किन्तु **राम की शक्ति-पूजा** के आरम्भ में **रवि हुआ अस्त** के बाद जो रात्रि शुरू होती है, उसमें आकाश अंधकार उगलता हुआ-सा दिखाई देता है। यह अंधकार साधारण प्रतीक-व्यंजना नहीं है; अंधकार अर्थात् दु:ख, प्रकाश अर्थात् सुख, वैसा समीकरण यहाँ नहीं है। निराला अब उस मन:स्थिति में हैं जब तीव्र आवेग उत्तेजक पदार्थों, आवेग उत्पन्न करने वाली परिस्थितियों से अलग होकर—नये बिंबरूपों में परिवर्तित हो जाते हैं। जैसे सविकल्प समाधि में योगी को तरह-तरह के मधुर स्वर सुनाई देते हैं, तरह-तरह के फूलों में खुशबू उसके मन पर छा जाती है,

वैसे ही निराला का मन वेदना के तीव्र आघात सहता हुआ तरह-तरह के स्वर सुनता है, तरह-तरह के दृश्य देखता है। वह स्वर है राम की शक्ति-पूजा के छंद का स्वर जो—**जल राशि राशि जल पर चढ़ता खाता पछाड़** की तरह पंक्ति के अन्त में पछाड़ खाकर गिरता ही नहीं है, वरन् अनेक पंक्तियों के विराम-स्थलों को पार करता हुआ विशद जलप्रपात की तरह पाठक को अभिभूत कर देता है, **तुलसीदास, सरोज-स्मृति** का छंद मूलतः एक है—

> **बंध के बिना, कह, कहाँ प्रगति?**
> **गति हीन जीव की कहाँ सुरति?**
>
> × × ×
>
> **देखता रहा मैं खड़ा अपल**
> **वह शर-क्षेप, वह रण-कौशल।**

राम की शक्ति-पूजा में निराला जो स्वर सुनाते हैं, वह इस लघु संयत छन्द की सीमाएँ तोड़ रहा है। उसी के अनुरूप ज्योति के पत्र पर लिखे हुए चित्र हैं—राम, रावण, अंगद, विभीषण आदि के चित्र। इन चित्रों की पृष्ठभूमि में इतना गहन अन्धकार है कि फलक की ज्योति सब ढँक गयी है। राम रावण का अपराजेय समर लिखा तो गया है ज्योति के पत्र पर किन्तु अक्षर सब अमावस के अँधेरे के हैं। अंधकार उगलता हुआ आकाश, सिंह के समान गरजता सागर, रावण का अदृश्य खलखल अट्टहास—ये बिम्ब हैं जिनमें **सरोज-स्मृति** की वेदना परिवर्तित और घनीभूत हो गयी है। **राम की शक्ति-पूजा** में निराला की आँखें भीतर एक नये लोक में खुल गयी हैं जहाँ संसार के छायाचित्र ही दिखाई देते हैं, वह अपनी फैंटेसी की दुनिया में पहुँच गये हैं जहाँ संसार का दुःख-दर्द निचुड़ कर सूक्ष्म सघन बिम्बों के रूप में दिखाई देता है।

राम की शक्ति-पूजा में दो कविताओं का सारतत्त्व है—**तुलसीदास** और **सरोज-स्मृति** का और इनके अलावा उसमें नयी सामग्री है—एक पराजित मन और दूसरे अपराजित मन के अस्तित्व की अनुभूति। **सरोज-स्मृति** का शर-क्षेप और रण-कौशल अब राम-रावण के अपराजेय समर के विशद चित्रण में परिवर्तित हो गया है। पराजय की वेदना और भी गहरी है—राम की आँखों से मुक्तादल के समान दो आँसू ढुलक पड़ते हैं। ये आँसू राम के हैं, मन में यह विचार आते ही महावीर—जो स्वयं शक्ति के सागर हैं—विक्षुब्ध हो उठते हैं। निराला ने रामचरितमानस को जिस ढंग से पढ़ा, समझा और आत्मसात् किया था, उस बोध के प्रतीक हैं महावीर। यही बोध **तुलसीदास** कविता में प्रकट हुआ था। तुलसीदास भक्त हैं, ज्ञानी भी। उनके संस्कार जब जागते हैं तब उसमें अपार शक्ति आ जाती है, वे पुरानी संस्कृति पर ज्ञानोद्धत प्रहार करते हैं, उसके विषम वज्रद्वार तोड़ने को उद्यत होते हैं। महाकाश में शिव को त्रस्त कर देने वाले महावीर यही कार्य करते हैं। तुलसीदास ने लिखा था—**मोरे मन अस दृढ़ बिस्वासा। राम ते अधिक राम कर दासा।** निराला ने इसी सूत्र के सहारे लिखा—**अर्चना राम की मूर्तिमान अक्षय शरीर।** एक बार राम भले ही विचलित हो जाएँ, किन्तु वह जिसे

न सीता चाहिए न अयोध्या, राम की अर्चना का वह जीवंत स्वरूप विचलित नहीं हो सकता। इस तरह **तुलसीदास** का सारतत्त्व **राम की शक्ति-पूजा** में है।

किन्तु महावीर की तरह राम किसी के भक्त नहीं हैं ज्ञान से वह रावण को परास्त नहीं कर सकते। रावण, शक्ति, अंधकार ये सब मिलकर राम को पराजित कर देते हैं। शक्ति की साधना राम को ही करनी है और वह साधना सफल होती है। नि:संदेह निराला ने कल्पना के सहारे अपने विजयी होने की आकांक्षा पूरी की। मिल्टन और दान्ते के महाकाव्यों में जो गरिमा नरक के वर्णन में है वह स्वर्ग के चित्रण में नहीं; निराला के इस महाकाव्य खण्ड में जो गरिमा राम की ग्लानि, उनकी पराजय, महावीर के अन्तरिक्ष अभियान के चित्रण में है, वह पूजा के चित्रण में नहीं। निराला साधक हैं, पूजक नहीं। साधना रणभूमि से अलग एकान्त ध्यान करने में नहीं है, रणभूमि में शत्रु से जूझते हुए ही साधना सम्भव है। पूजा आरम्भ होने से पहले चित्रफलक पात्रों से भरा हुआ है—राम का स्वत: संभाषण, महावीर का आत्मचिन्तन, विभीषण, जाम्बवान आदि के संवाद जैसे सशक्त और नाटकीय हैं, वैसे कविता के अंतिम अंश में कुछ नहीं है। अंधकार उगलते हुए आकाश की तुलना में राम को जो शक्ति प्राप्त होती है वह प्रकाश की क्षीण रेखा के समान है।

राम की शक्ति-पूजा के बाद निराला की रचनाओं में आकांक्षा-पूर्ति के स्वप्न क्रमश: कम होते गये हैं। **वनबेला** उनके प्रबन्ध-काव्य-रचना-कौशल का अन्य उदाहरण है। **सरोज-स्मृति** की तरह हास्य करुणा का सम्मिश्रण यहाँ भी है। कविता के पूर्वभाग में विरोध और विक्षोभ का चित्रण है। राम ने अपना नेत्र अर्पित करने का विचार मात्र किया। **वनबेला** तोड़कर देवता पर चढ़ाई जाती है। निराला के सामने आदर्श यह है कि प्रहार सहते रहो, अपने कवि के मार्ग पर चलते रहो—

> **नाचतीं वृन्त पर तुम, ऊपर**
> **होता जब उपल-प्रहार प्रखर!**

राम की शक्ति-पूजा की तरह निराला के स्वत: संभाषण में यहाँ भी यथेष्ट नाटकीयता है। किन्तु **राम की शक्ति-पूजा** के अंधकार के बदले यहाँ ग्रीष्म का प्रखर ताप, लू और धूल है। छायाचित्रों की जगह यहाँ सामाजिक-सांस्कृतिक परिवेश और स्वयं निराला के चित्र बहुत साफ उभर कर आते हैं। कवि जब चाहता है, फैंटेसी की दुनिया में चला जाता है, जब चाहता है धूप और गर्द के इस वास्तविक संसार में आ जाता है। कविता की छोटी पंक्तियों में **सरोज-स्मृति** के स्वर गूँजते हैं तो बड़ी पंक्तियों में **राम की शक्ति-पूजा** के—

> **पीताभ, अग्निमय, ज्यों दुर्जय,**
> **निर्धूम, निरभ्र, दिगन्त प्रसर** — *वनबेला*
> **देखता रहा मैं खड़ा अपल**
> **वह शर-क्षेप वह रण-कौशल** — *सरोज-स्मृति*
> **खोली आँखें आतुरता से देखा अमन्द**
> **प्रेयसी के अलक से माती ज्यों स्निग्ध गन्ध** — *वनबेला*

रवि हुआ अस्त : ज्योति के पत्र में लिखा अमर
रह गया राम-रावण का अपराजेय समर —*राम की शक्तिपूजा*

निराला के छन्द की गति उनके सूक्ष्म मनोभावों की श्रेष्ठ अभिव्यंजना है। **सरोज-स्मृति** और **राम की शक्ति-पूजा** का समुद्र-मंथन यहाँ संयत—अपेक्षाकृत शान्त हो गया है। राम का प्रतीक हटाकर निराला स्वयं उपल प्रहार सहते, फिर भी कविता रचते रहने को तैयार होते हैं।

वनबेला का सा रचना कौशल बहुत कुछ निराला के गीतों, उनके मुक्तक-काव्य में भी है। अशरीरी भावाभिव्यक्ति उनकी मनोवृत्ति के प्रतिकूल है। जुही की कली होगी तो पत्रांक, मलयानिल, वासंती निशा का वातावरण भी होगा; नयनों के डोरे लाल हैं तो कक्ष, दीप, नायक—शृंगार की विशेष स्थिति के उपकरण मौजूद होंगे। निराला जब स्वयं को इष्ट देवी के द्वार की ओर यात्रा करते हुए देखते हैं, तब गीत में परिस्थिति की चित्रमयता उभर आती है—उनके पैरों के नीचे जो उपल हैं, वे वीर कवि के सहिष्णु चरणों को उत्पल जैसे लगते हैं पीछे वह भीड़ ज्यादा दूर नहीं है जो निराला की इस नैश यात्रा का अर्थ नहीं समझती—

समझ क्या वे सकेंगे भीरु मलिन-मन,
निशाचर तेजहत रहे जो वन्य जन,
धन्य जीवन कहाँ—

राम और निशाचरों का संघर्ष—एक लघु चित्र में।

निराला के गीत तराशे हुए, विवेक को साधकर रचे हुए गीत हैं, वे भावोद्‌गार मात्र नहीं हैं। उनमें जल की तरलता नहीं, हीरे की-सी कठोरता और भीतरी दमक है। प्रत्येक गीत में एक आन्तरिक गति है—भाव या परिस्थिति जहाँ आरम्भ में है, वहाँ अन्त में नहीं, और आदि तथा अन्त किसी सूक्ष्म तर्कसूत्र से संबद्ध रहते हैं। **पावन करो नयन**। सूर्य-किरण आकाश से सवेरे धरती पर उतरती है, रात्रि में वही कमल की पंखुड़ियों पर ओस की बूँद में चन्द्रकिरण बनकर झलकती है। तत्सम शब्दावली का ध्वनि-सौन्दर्य लिए हुए परिचित छायावादी शैली के गीतों के अलावा निराला आरम्भ से ही ऐसे गीत भी रचते रहे हैं जिनमें लोकगीतों की-सी मिठास है, ब्रजभाषा के ललित पदों की-सी शब्द-योजना है। **परिमल** में उनका एक गीत है—**अलि घिर आये घन पावस के**। गीतिका में उनकी होली है—**नयनों के डोरे लाल गुलाल भरे, खेली होली**। निराला की परवर्ती रचनाओं में लोकगीतों और ब्रजभाषा-पदों का यह स्वर बराबर निखरता गया है।

राम की शक्ति-पूजा से, सन् '३६ में, निराला की काव्य-साधना का पहला चरण समाप्त होता है, **नये पत्ते** की रचनाओं से, सन् '४६ में दूसरा चरण; शेष रचनाएँ सन् '६१ तक तीसरे चरण की हैं। इन तीनों चरणों में निराला की विचारधारा अथवा भाव-बोध में कोई मौलिक अन्तर नहीं हुआ। राग प्रथम चरण में है तो अन्तिम चरण में भी, विराग अन्तिम चरण में है तो प्रथम चरण में भी। निराला के समकालीन—और उत्तरकालीन—कवियों के मन में

विचारधारा की जैसी अस्थिरता, भावबोध की जैसी चंचलता दिखाई देती है, वैसे निराला में नहीं है। वह सन् '४० में यदि शोषण के विरुद्ध कविताएँ लिख रहे थे तो बहुत पहले सन् '२४ में क्रांति का आह्वान कर चुके थे; यदि सन् '५० और '६० में उन्होंने मृत्यु पर कविताएँ लिखीं तो सन् '२५ और '३५ में भी वे उस पर कविताएँ लिख चुके थे। और वर्षा और वसन्त पर तो जीवन के हर चरण में वे कविताएँ लिखते ही रहे।

फिर भी निराला के काव्य में विकास है, उनकी दृष्टि निरन्तर यथार्थदर्शी बनती गयी है, न केवल बाह्य परिवेश—जैसे **वनबेला** में—वह बहुत स्पष्ट देखते हैं, वरन् उसका दूसरा—न थकने वाला मन—अपना विक्षेप भी देखता है और उस पर कविता रचता है। जिन दिनों वह अपने मित्रों को शेरों के साथ जूझने की कहानियाँ सुनाया करते थे, उन दिनों उन्होंने एक गीत लिखा था—

शिशिर की शर्वरी
हिंस्र पशुओं भरी।

यहाँ उनका तटस्थ दर्शक मन विक्षेप के स्वप्न-चित्रों को विवेक से संगठित करके उन्हें काव्य का रूप दे देता है।

परवर्ती रचनाओं में अलंकरण की वृत्ति कम होती गयी है। व्यंजना ऐसी सरल मालूम होती है कि पाठक शब्दों के नीचे की अगाध भावराशि देख न पाये, उसके धोखा खाने की पूरी संभावना है। जो उदात्त है, ओजपूर्ण है, अलंकृत है, वह प्रथम चरण की विशेषता है। दूसरे चरण में संघर्ष का स्वर प्रधान है, साथ ही निराला अब हँसते अधिक हैं और यह हँसी हमेशा मन का सहज उल्लास नहीं होती, उसके नीचे गहरा विषाद छिपा होता है। तीसरे चरण में उन्होंने मृत्यु और विषाद के जैसे गीत रचे, वैसे उन्होंने पहले कम लिखे थे, दूसरे कवियों में भी वैसी रचनाएँ मुश्किल से मिलती हैं। निराला ने गजलें भी लिखी हैं, हर चरण में, दूसरे चरण में विशेष। उनमें उर्दू कविता की नफ़ासत करीब-करीब नदारद है, लेकिन उनमें काफी ऐसी जिनमें निराला की ऊर्जा अपनी कुछ-न-कुछ करामात दिखा जाती है। दिलचस्प बात कि जिन दिनों उर्दू के कुछ कवि—जैसे मजरूह सुल्तानपुरी—गज़लों में प्रगतिशील राजनीति की शराब भर रहे थे, यही काम उन्हीं दिनों अपनी गज़लों में निराला भी कर रहे थे—

खुला भेद विजयी कहाए हुए जो
लहू दूसरों का पिये जा रहे हैं।

इस संग्रह के प्रत्येक चरण के आरम्भ में वसंत और वर्षा पर निराला की रचनाएँ दी हुई हैं। तीसरे चरण की ऐसी रचनाएँ वैसी ही हैं जो पहले की रचनाओं से, न तो संख्या में कम हैं, न सौन्दर्य में। यह इस बात का प्रमाण है कि जीवन के अंतिम दशक में निराला के मन में उल्लास का स्रोत सूखा न था। सूखना तो दूर, लगता है, जल और निर्मल हो गया है, प्रवाह अधिक संयत, फिर भी वेगपूर्ण है **अमरण भर वरण गान**—सुन्दर है किन्तु निराला ने शब्दों की गूँज से वसन्त की शोभा वृद्धि की है। किन्तु—

फागुन के रंग राग,
बाग-वन फाग मचा है,
भर गये मोती के झाग,
जनों के मन लुटे हैं।
फूटे हैं आमों में बौर
भौंर वन-वन टूटे हैं।

यहाँ निराला फागुन के सौन्दर्य में डूब गये हैं, शब्द वसन्त की श्रीवृद्धि नहीं करते उनमें फागुन की आभा रच गयी है, ऐसी आभा जिसे न शब्दों से अलग किया जा सकता है, न फागुन से।

बादलों को देखकर निराला की पुरानी बन्दिश याद आती है जैसी उन्होंने लड़कपन में महिषादल में सुनी थी—

धिक मंद, गरजे बदरवा,
चमक बिजुली डरपावे,
सुहावे सघन झर, नरवा
कगरवा - कगरवा।

ब्रजभाषा में रचे हुए इस 'क्लासिकी' संगीत में नरवा कहीं गढ़ाकोला के आस-पास से लहराता हुआ पहुँच गया है?

और **ताक कमसिन वारि**—यह क्या बला है?

यह भी निराला की 'क्लासिकी' संगीत-रचना है। डागर बन्धुओं को ध्रुपद गाते सुना है आपने? पंक्ति एक, शब्द की उलट-पलट कर कहने की दस तरकीबें—

ताक कमसिनवारि,
ता ककमसि नवारि,
दूरावनि समक कात्
सम ककात् सिनवारि
ताक कमसिन वारि।

'**कमसिन**' शब्द पर ध्यान देंगे तो 'ताक' क्रिया सार्थक हो जायेगी, '**क्लासिकी**' संगीत रचना को संगीत की तरह आप समझ सकेंगे।

वैसे हिन्दी में एक नयी विधा का चलन हुआ है जिसे लोग '**ऐब्सर्डिटी**' कहते हैं। उदाहरण—

द्राराररा द्रस साद्र
समुराद्ररा
क्ष द्रारा द्रारा द्रा
मु
मुक्षद्रामु (जुलाई सन् ६५ के क ख ग घ में मुद्राराक्षस)

इस तरह की रचनाओं से कोई **ताक कमसिनवारि** का संबंध जोड़े तो किसी को आपत्ति न होनी चाहिए। इतना मानना चाहिए कि मुद्राराक्षस की रचना रोमांटिक है, निराला की क्लासिकल।

कुछ लोगों की धारणा है कि सान्ध्य-काकली में, निराला की मृत्यु के बाद संकलित, **ताक कमसिनवारि** जैसी रचनाएँ विकृत मस्तिष्क की उपज हैं। ऐसा हो तो निराला के प्रतिनिधि-कविता-संग्रह में उनके कवि-व्यक्तित्व के पूर्ण अध्ययन के लिए एक-दो नमूने देना उचित ही होगा। मस्तिष्क की बात वर्तमान धर्म को लेकर भी उठी थी। वर्तमान धर्म में ऐसी शब्द योजना आपको मिलेगी!

एक निश्वास और दूसरा प्रश्वास,
दोनों के बीच में न धड़ास न फड़ास
अर्थात् न कविन्यास और न उपिन्यास
बस गतश्वास—गतश्वास, मौत।

× × ×

जैसे डाल से माल, माल से डाल,
फिर डाल डाल माल माल;
माल माल डाल डाल।

× × ×

कबूतर—कबूतर
कवितार—कवितार

इस वर्तमान धर्म के लेखक ने **राम की शक्ति-पूजा** लिखी; जिसने **ताक कमसिन वारि** लिखी, उसी ने लिखा—

पत्रोत्कंठित जीवन का विष बुझा हुआ है,
आशा का प्रदीप जलता है हृदय कुंज में।

रूपक बाँधने की क्षमता, सार्थक प्रतीक-योजना, अपने प्रति संयत तटस्थ दृष्टि—यहाँ सब कुछ वैसे ही है जैसे निराला की किसी भी श्रेष्ठ कृति में। निराला अपने विवेकयुक्त मन का पूर्ण परिचय देते हुए इस संसार से विदा हुए।

निराला-काव्य के प्रेमी किसी भी कविता-संकलन को निर्दोष नहीं मान सकते, न उनसे पूरी तरह प्रसन्न हो सकते हैं। वह बढ़िया कविता छूट गयी, इस कविता से वह अच्छी थी; उसे देना चाहिए था। ऐसा कहना उनके लिए स्वाभाविक है। यह निराला की प्रतिनिधि कविताओं का संकलन है, सर्वश्रेष्ठ रचनाओं का संग्रह नहीं। पृष्ठ संख्या बहुत अधिक न हो, इसलिए अनेक रचनाएँ छोड़ दी हैं। **तुलसीदास** जैसी लम्बी कविता पढ़ने से ही उसकी गरिमा का अनुमान होगा। **कुकुरमुत्ता** का पहला हिस्सा अपने में पूर्ण है, इसलिए पूरी कविता की जगह उतना अंश ही दिया है।

तीन चरणों में कविताएँ विभाजित करने से आप देख सकेंगे कि निराला की कला में विकास होता है या ह्रास या वह ज्यों के त्यों बनी रहती है। एक ही विषय पर विभिन्न चरणों में लिखी हुई कविताएँ पढ़ कर आप तुलनात्मक अध्ययन से यह परख सकते हैं कि उस विषय के प्रति निराला की दृष्टि कितनी कैसी परिवर्तित हुई है। विशेष रूप से आप देखेंगे कि सन् ४७ के बाद छायावादी कवियों की स्थिति जैसी रही है, उससे निराला की स्थिति कितनी भिन्न है। इस संग्रह से यह बात स्पष्ट हो जानी चाहिए कि अपने अंतिम चरण में निराला नये मनोबल से कविताएँ रच रहे थे और इनमें हिन्दी संसार को वह ऐसा कुछ दे रहे थे, जैसा कुछ उन्होंने पहले न दिया था।

यह संग्रह निराला के सुदीर्घ कवि जीवन की सार्थकता का भी प्रमाण है।

—राम विलास शर्मा

प्रथम चरण (१९२१-३६)

एक

रँग गई पग-पग धन्य धरा,—
हुई जग जगमग मनोहरा।

वर्ण-गन्ध धर, मधु-मरन्द भर,
तरु-उर की अरुणिमा तरुणतर
खुली रूप-कलियों में पल भर
स्तर-स्तर सुपरिसरा।

गूँज उठा पिक-पावन-पंचम,
खग-कुल-कलरव मृदुल मनोरम,
सुख के भय काँपती प्रणय-क्लम
वन-श्री चारुतरा।

●●

दो

अमरण भर वरण-गान
वन-वन उपवन-उपवन
जागी छबि, खुले प्राण।

वसन विमल तनु-वल्कल,
पृथु उर सुर-पल्लव-दल,
उज्ज्वल दृग कलि कल, पल
निश्चल, कर रही ध्यान।

मधुप-निकर कलरव भर,
गीति-मुखर पिक प्रिय-स्वर,
स्मर-शर हर केशर झर,
मधु-पूरित गन्ध, ज्ञान।

●●

तीन

सखि, वसन्त आया।
भरा हर्ष वन के मन,
नवोत्कर्ष छाया।
किसलय-वसना नव-वय-लतिका
मिली मधुर प्रिय-उर तरु-पतिका,
मधुप-वृन्द बन्दी—
पिक-स्वर नभ सरसाया।

लता-मुकुल-हार-गन्ध-भार भर,
बही पवन बन्द मन्द मन्दतर,
जागी नयनों में वन-
यौवन की माया।
आवृत सरसी-उर-सरसिज उठे,
केशर के केश कली के छुटे,
स्वर्ण-शस्य-अंचल
पृथ्वी का लहराया।

चार

(प्रिय) यामिनी जागी।
अलस पंकज-दृग अरुण-मुख
तरुण-अनुरागी।

खुले केश अशेष शोभा भर रहे
पृष्ठ-ग्रीवा-बाहु-उर पर तर रहे,
बादलों में घिर अपर दिनकर रहे,
ज्योति की तन्वी, तड़ित-
द्युति ने क्षमा माँगी।

हेर उर-पट फेर मुख के बाल,
लख चतुर्दिक चली मन्द मराल,
गेह में प्रिय-स्नेह की जय-माल,
वासना की मुक्ति, मुक्ता
त्याग में तागी।

पाँच

मौन रही हार,
प्रिय-पथ पथ पर चलती,
सब कहते शृंगार!
कण-कण कर कंकण, प्रिय
किण-किण रव किंकिणी,
रणन-रणन नूपुर, उर लाज,
लौट रंकिणी;
और मुखर पायल स्वर करें बार-बार,
प्रिय-पथ पर चलती, सब कहते शृंगार!
'शब्द सुना हो, तो अब
लौट कहाँ जाऊँ?
उन चरणों को छोड़, और
शरण कहाँ पाऊँ?'—
बजे सजे उर के इस सुर के सब तार—
प्रिय-पथ पर चलती, सब कहते शृंगार!

●●

छः

नयनों के डोरे लाल गुलाल-भरे, खेली होली!
जागी रात सेज प्रिय पति-सँग रति सनेह-रँग घोली,
दीपित दीप-प्रकाश, कंज-छवि मंजु-मंजु हँस खोली—
मली मुख-चुम्बन-रोली।

प्रिय-कर-कठिन-उरोज-परस कस कसक मसक गयी चोली,
एक-वसन रह गयी मन्द हँस अधर-दशन अनबोली—
कली-सी काँटे की तोली।

मधु-ऋतु-रात, मधुर अधरों की पी मधु सुध-बुध खो ली,
खुले अलक, मुँद गये पलक-दल, श्रम-सुख की हद हो ली—
बनी रति की छवि भोली।
बीती रात सुखद बातों में प्रात पवन प्रिय डोली,
उठी सँभाल बाल, मुख-लट, पट, दीप बुझा, हँस बोली—
रही यह एक ठिठोली।

●●

सात

जागृति में सुप्ति थी

जड़े नयनों में स्वप्न
खोल बहुरंगी पंख विहग-से,
सो गया सुरा-स्वर
प्रिया के मौन अधरों में
क्षुब्ध एक कम्पन-सा निद्रित
सरोवर में।

लाज से सुहाग का—
मान से प्रगल्भ प्रिय-प्रणय निवेदन का
मन्द-हास-मृदु वह
सजा-जागरण-जग,
थककर वह चेतना भी लाजमयी
अरुण किरणों में समा गयी।

जागृत प्रभा में क्या शान्ति थी!—
जागृति में सुप्ति थी—
जागरण-क्लान्ति थी।

●●

आठ
जुही की कली

विजन-वन-वल्लरी पर
सोती थी सुहाग-भरी—स्नेह-स्वप्न-मग्न—
अमल-कोमल-तनु तरुणी—जुही की कली,
दृग बन्द किये, शिथिल,—पत्रांक में,
वासन्ती निशा थी;
विरह-विधुर-प्रिया-संग छोड़
किसी दूर देश में था पवन
जिसे कहते हैं मलयानिल।
आयी याद बिछुड़न से मिलन की वह मधुर बात,
आयी याद चाँदनी की धुली हुई आधी रात,
आयी याद कान्ता की कम्पित कमनीय गात,
फिर क्या? पवन
उपवन-सर-सरित गहन-गिरि-कानन
कुंज-लता-पुंजों को पार कर
पहुँचा जहाँ उसने की केलि
कली-खिली-साथ।
सोती थी,
जाने कहो कैसे प्रिय-आगमन वह?
नायक चूमे कपोल,
डोल उठी वल्लरी की लड़ी जैसे हिंडोल।
इस पर भी जागी नहीं,
चूक-क्षमा माँगी नहीं,
निद्रालस बंकिम विशाल नेत्र मूँदे रही—
किंवा मतवाली थी यौवन की मदिरा पिये,

कौन कहे?
निर्दय उस नायक ने
निपट निठुराई की
कि झोंकों की झड़ियों से
सुन्दर सुकुमार देह सारी झकझोर डाली,
मसल दिये गोरे कपोल गोल;
चौंक पड़ी युवती—
चकित चितवन निज चारों ओर फेर,
हेर प्यारे को सेज-पास,
नम्रमुख हँसी—खिली,
खेल रंग, प्यारे-संग।

●●

नौ

जागो फिर एक बार : १

जागो फिर एक बार!
प्यारे जगाते हुए हारे सब तारे तुम्हें
अरुण-पंख तरुण-किरण
खड़ी खोलती है द्वार—
जागो फिर एक बार!

आँखें अलियों-सी
किस मधु की गलियों में फँसीं,
बन्द कर पाँखें
पी रही हैं मधु मौन
या सोयी कमल-कोरकों में—
बन्द हो रहा गुंजार—
जागो फिर एक बार!

अस्ताचल ढले रवि,
शशि-छवि विभावरी में
चित्रित हुई है देख
यामिनी-गन्धा जगी,
एकटक चकोर-कोर दर्शन-प्रिय,
आशाओं भरी मौन भाषा बहु भावमयी
घेर रहा चन्द्र को चाव से,
शिशिर-भार-व्याकुल कुल
खुले फूल झुके हुए,
आया कलियों में मधुर

मद-उर यौवन-उभार—
जागो फिर एक बार!

पिउ-रव पपीहे प्रिय बोल रहे,
सेज पर विरह-विदग्धा वधू
याद कर बीती बातें, रातें मन-मिलन की
मूँद रही पलकें चारु,
नयन-जल ढल गये,
लघुतर कर व्यथा-भार—
जागो फिर एक बार!

सहृदय समीर जैसे
पोंछो प्रिय, नयन-नीर
शयन-शिथिल-बाहें
भर स्वप्निल आवेश में,
आतुर उर वसन-मुक्त कर दो,
सब सुप्ति सुखोन्माद हो;
छूट-छूट अलस
फैल जाने दो पीठ पर
कल्पना से कोमल
ऋजु-कुटिल प्रसार-कामी केश-गुच्छ।
तन-मन थक जायँ,
मृदु सुरभि-सी समीर में
बुद्धि-बुद्धि में हो लीन,
मन में मन, जी जी में,
एक अनुभव बहता रहे
अभय आत्माओं में,
कब से मैं रही पुकार—
जागो फिर एक बार!

उगे अरुणाचल में रवि

आयी भारती-रति कवि-कंठ में,
क्षण-क्षण में परिवर्तित
होते रहे प्रकृति-पट,
गया दिन, आयी रात,
गयी रात, खुला दिन,
एक ही संसार के बीते दिन, पक्ष, मास,
वर्ष कितने ही हजार—
जागो फिर एक बार!

●●

दस
प्रिया के प्रति

: १ :

एक बार भी यदि अजान के
अन्तर से उठ आ जातीं तुम,
एक बार भी प्राणों की तम—
छाया में आ कह जातीं तुम
सत्य हृदय का अपना हाल
कैसा था अतीत वह, अब यह
बीत रहा है कैसा काल।
मैं न कभी कुछ कहता,
बस, तुम्हें देखता रहता!
चकित, थकी, चितवन मेरी रह जाती
दग्ध हृदय के अगणित व्याकुल भाव
मौन दृष्टि की ही भाषा कह जाती।

: २ :

तप-वियोग की चिर-ज्वाला से
कितना उज्ज्वल हुआ हृदय यह,
पिष्ट कठिन साधना-शिला से
कितना पावन हुआ प्रणय यह,
मौन दृष्टि सब कहती हाल,
कैसा था अतीत मेरा, अब

बीत रहा यह कैसा काल।
क्या तुम व्याकुल होतीं?
मेरे दुख पर रोतीं?
मेरे नयनों में न अश्रु प्रिय आता
मौन दृष्टि का मेरा चिर अपनाव
अपना चिर-निर्मल अन्तर दिखलाता।

●●

ग्यारह

बादल-राग : १

झूम-झूम मृदु गरज-गरज घन घोर!
राग-अमर! अम्बर में भर निज रोर!
झर झर झर निर्झर-गिरि-सर में
घर, मरु, तरु-मर्मर, सागर में,
सरित—तड़ित-गति—चकित पवन में
मन में, विजन-गहन-कानन में,
आनन-आनन में, रव-घोर-कठोर—
राग-अमर! अम्बर में भर निज रोर!

अरे वर्ष के हर्ष!
बरस तू,बरस-बरस रसधार।
पार ले चल तू मुझको,
बहा, दिखा मुझको भी निज
गर्जन-भैरव-संसार!
उथल-पुथल कर हृदय—
मचा हलचल—
चल रे चल,—
मेरे पागल बादल!
धँसता दलदल,
हँसता है नद खल्-खल्
बहता, कहता कुलकुल कलकल कलकल।
देख-देख नाचता हृदय

बहने को महाविकल—बेकल,
इस मरोर से—इसी शोर से—
सघन घोर गुरु गहन रोर से
मुझे—गगन का दिखा सघन वह छोर!
राग-अमर!अम्बर में भर निज रोर!

●●

बारह

बादल-राग : ६

तिरती है समीर-सागर पर
अस्थिर सुख पर दुख की छाया—
जग के दग्ध हृदय पर
निर्दय विप्लव की प्लावित माया—
यह तेरी रण-तरी
भरी आकांक्षाओं से,
घन, भेरी-गर्जन से सजग सुप्त अंकुर
उर में पृथ्वी के, आशाओं से
नवजीवन की, ऊँचा कर सिर,
ताक रहे हैं, ऐ विप्लव के बादल!
फिर-फिर।
बार-बार गर्जन
वर्षण है मूसलधार,
हृदय थाम लेता संसार,
सुन-सुन घोर वज्र-हुंकार।
अशनि-पात से शायित उन्नत शत-शत वीर,
क्षत-विक्षत हत अचल-शरीर,
गगन-स्पर्शी स्पर्द्धा-धीर।
हँसते हैं छोटे पौधे लघुभार—
शस्य अपार,
हिल-हिल,
खिल-खिल,
हाथ हिलाते,
तुझे बुलाते,

विप्लव-रव से छोटे ही हैं शोभा पाते।
अट्टालिका नहीं है रे
आतंक-भवन,
सदा पंक पर ही होता
जल-विप्लव-प्लावन,
क्षुद्र प्रफुल्ल जलज से
सदा छलकता नीर,
रोग-शोक में भी हँसता है
शैशव का सुकुमार शरीर।
रुद्ध कोष है, क्षुब्ध तोष,
अंगना-अंग से लपटे भी
आतंक-अंक पर काँप रहे हैं
घनी, वज्र-गर्जन से बादल!
त्रस्त नयन-मुख ढाँप रहे हैं।
जीर्ण बाहु, है शीर्ण शरीर,
तुझे बुलाता कृषक अधीर,
ऐ विप्लव के वीर!
चूस लिया है उसका सार,
हाड़-मात्र ही है आधार,
ऐ जीवन के पारावार!

●●

तेरह

गर्जन से भर दो वन

गीत

घन, गर्जन से भर दो वन
तरु-तरु पादप-पादप-तन।

अब तक गुंजन-गुंजन पर
नाचीं कलियाँ छबि-निर्भर;
भौंरों ने मधु पी-पीकर
माना, स्थिर-मधु-ऋतु कानन।

गरजो हे मन्द्र, वज्र-स्वर;
थर्राये भूधर-भूधर,
झरझर झरझर धारा झर
पल्लव-पल्लव पर जीवन।

●●

चौदह

जागो फिर एक बार : २

जागो फिर एक बार!

समर अमर कर प्राण,
गान गाये महासिन्धु-से
सिन्धु-नद-तीरवासी!—
सैन्धव तुरंगों पर
चतुरंग चमू संग;
"सवा-सवा लाख पर
एक को चढ़ाऊँगा,
गोविन्द सिंह निज
नाम जब कहाऊँगा।"
किसने सुनाया यह
वीर-जन-मोहन अति
दुर्जय संग्राम-राग,
फाग का खेला रण
बारहों महीनों में?
शेरों की माँद में
आया है आज स्यार—
जागो फिर एक बार!

सत् श्री अकाल,
भाल-अनल धक-धक कर जला,
भस्म हो गया था काल—
तीणों गुण-ताप त्रय,

अभय हो गये थे तुम
मृत्युंजय व्योमकेश के समान,
अमृत-सन्तान! तीव्र
भेदकर सप्तावरण-मरण-लोक
शोकहारी। पहुँचे थे वहाँ
जहाँ आसन है सहस्त्रार—

जागो फिर एक बार!

सिंही की गोद से
छीनता रे शिशु कौन?
मौन भी क्या रहती वह
रहते प्राण? रे अजान!
एक मेषमाता ही
रहती है निर्निमेष—
दुर्बल वह—
छिनती सन्तान जब
जन्म पर अपने अभिशप्त
तप्त आँसू बहाती है;—
किन्तु क्या,
योग्य जन जीता है।
पश्चिम की उक्ति नहीं—
गीता है, गीता है—
स्मरण करो बार-बार—

जागो फिर एक बार!

पशु नहीं, वीर तुम,
समर-शूर क्रूर नहीं,
काल-चक्र में हो दबे
आज तुम राजकुँवर! —समर-सरताज!

पर, क्या हैं;
सब माया है—माया है,
मुक्त हो सदा ही तुम,
बाधा-विहीन-बन्ध छन्द ज्यों,
डूबे आनन्द में सच्चिदानन्द रूप
महामन्त्र ऋषियों का
अणुओं-परमाणुओं में फूँका हुआ—
"तुम हो महान्, तुम सदा हो महान्,
है नश्वर यह दीन भाव,
कायरता, कामपरता।
ब्रह्म हो तुम,
पद-रज-भर भी है नहीं
पूरा यह विश्व-भार—"

जागो फिर एक बार!

●●

पन्द्रह

हताश

जीवन चिरकालिक क्रन्दन।
मेरा अन्तर वज्रकठोर,
देना जी भरसक झकझोर,
मेरे दुख की गहन अन्ध-
तम-निशि न कभी हो भोर,
क्या होगी इतनी उज्ज्वलता—
इतना वन्दन—अभिनन्दन?
हो मेरी प्रार्थना विफल,
हृदय कमल के जितने दल
मुरझायें, जीवन हो म्लान
शून्य सृष्टि में मेरे प्राण
प्राप्त करें शून्यता सृष्टि की,
मेरा जग हो अंतर्धान,
तब भी क्या ऐसे ही तम में
अटकेगा जर्जर स्पन्दन?

●●

सोलह

अध्यात्म-फल

जब कड़ी मारें पड़ीं, दिल हिल गया,
पर न कर चूँ भी कभी पाया यहाँ,
मुक्ति की तब युक्ति से मिल खिल गया
भाव, जिसका चाव है छाया यहाँ।

खेत में पड़ भाव की जड़ गड़ गयी,
धीर ने दुख-नीर से सींचा सदा,
सफलता की थी लता आशामयी,
झूलते थे फूल — भावी सम्पदा!

दीन का तो हीन ही यह वक्त है,
रंग करता भंग जो सुख-संग का
भेद से कर छेद पीता रक्त है
राज के सुख-साज-सौरभ-अंग का।

काल की ही चाल से मुरझा गये
फूल, हूलें शूल जो दुःख मूल में
एक ही फल, किन्तु हम बल पा गये,
प्राण है वह, त्राण सिंधु अकूल में।

मिष्ट है, पर इष्ट उनका है नहीं
शिष्ट पर न अभीष्ट जिनका नेक है,
स्वाद का अपवाद कर भरते मही,
पर सरस वह नीति-रस का एक है।

●●

सत्रह
अधिवास

कहाँ—
मेरा अधिवास कहाँ?
क्या कहा?—रुकती है गति जहाँ?

भला इस गति का शेष
सम्भव है क्या,
करुण स्वर का जब तक मुझमें रहता है आवेश?

मैंने 'मैं' शैली अपनायी,
देखा दुखी एक निज भाई।
दुख की छाया पड़ी हृदय में मेरे,
झट उमड़ वेदना आयी।

उसके निकट गया मैं धाय,
लगाया उसे गले से हाय!
फँसा माया में हूँ निरुपाय,
कहो, कैसे फिर गति रुक जाय?

उसकी अश्रु-भरी आँखों पर मेरे करुणांचल का स्पर्श
करता मेरी प्रगति अनन्त, किन्तु तो भी मैं नहीं विमर्ष;

छूटता है यद्यपि अधिवास,
किन्तु फिर भी न मुझे कुछ त्रास।

●●

अठारह

ध्वनि

अभी न होगा मेरा अन्त।
अभी-अभी ही तो आया है
मेरे वन में मृदुल वसन्त—
अभी न होगा मेरा अन्त।

हरे-हरे ये पात,
डालियाँ, कलियाँ कोमल गात।
मैं ही अपना स्वप्न-मृदुल-कर
फेरूँगा निद्रित कलियों पर
जगा एक प्रत्यूष मनोहर।

पुष्प-पुष्प से तन्द्रालस लालसा खींच लूँगा मैं,
अपने नव-जीवन का अमृत सहर्ष सींच दूँगा मैं,

द्वार दिखा दूँगा फिर उनको
हैं मेरे वे जहाँ अनन्त—
अभी न होगा मेरा अन्त।
मेरे जीवन का यह है जब प्रथम चरण,

इसमें कहाँ मृत्यु
है जीवन ही जीवन।

अभी पड़ा है आगे सारा यौवन;
स्वर्ण-किरण कल्लोलों पर बहता रे यह बालक मन;
मेरे ही अविकसित राग से
विकसित होगा बन्धु दिगन्त—
अभी न होगा मेरा अन्त।

उन्नीस

विस्मृत-भोर

जीवन की गति कुटिल अन्ध-तम जाल;
फँस जाता हूँ, तुम्हें नहीं पाता हूँ प्रिय,
आता हूँ पीछे डाल—
रश्मि-चमत्कृत स्वर्णालंकृत नवल प्रभात,
पुलकाकुल अलि-मुकुल-विपुल हिलते तरु-पात
हरित ज्योति-जल-भरित सरित, सर प्रखर प्रपात,
वह सर्वत्र व्याप्त जीवन से अलक-विचुम्बित सुखकर वात
जगमग जग में पग-पग एक निरंजन आशीर्वाद,
जहाँ नहीं कोई भय-बाधा, कोई वाद-विवाद,
बढ़ जाता
प्रति-श्वास-शब्द-गति से उस ओर,
जहाँ हाय, केवल श्रम, केवल श्रम,
केवल श्रम, कर्म कठोर—
कुछ ही प्राप्ति अधिक आशा का
कुटिल अधीर अशान्त मरोर;
केवल अन्धकार, करना वन पार
जहाँ केवल श्रम घोर।
स्वप्न प्रबल विज्ञान, धर्म, दर्शन,
तम-सुप्ति शान्ति, हा भोर
कहाँ जहाँ आशाओं ही की
अन्तहीन अविराम हिलोर?

मेरी चाहें बदल रहीं नित आहों में
क्या चाहूँ और?
मुझे फेर दो प्रभो, हेर दो
इन नयनों में भूला भोर!

●●

बीस

वृत्ति

देख चुका, जो-जो आये थे,
चले गये,
मेरे प्रिय सब बुरे गये, सब
भले गये!
क्षण-भर की भाषा में,
नव-नव अभिलाषा में,
उगते पल्लव-से कोमल शाखा में,
आये थे जो निष्ठुर कर से
मले गये,
मेरे प्रिय सब बुरे गये, सब
भले गये!
चिन्ताएँ, बाधाएँ,
आती ही हैं, आयें;
अन्ध हृदय है, बन्धन निर्दय लायें;
मैं ही क्या, सब ही तो ऐसे
छले गये,
मेरे प्रिय सब बुरे गये, सब
भले गये!

●●

इक्कीस

हिन्दी के सुमनों के प्रति पत्र

मैं जीर्ण-साज बहु छिद्र आज,
तुम सुदल सुरंग सुवास सुमन
मैं हूँ केवल पदतल-आसन,
तुम सहज विराजे महाराज।

ईर्ष्या कुछ नहीं मुझे, यद्यपि
मैं ही वसन्त का अग्रदूत,
ब्राह्मण-समाज में ज्यों अछूत
मैं रहा आज यदि पार्श्वच्छवि।

तुम मध्य भाग के, महाभाग!—
तरु के उर के गौरव प्रशस्त।
मैं पढ़ा जा चुका पत्र, न्यस्त
तुम अलि के नव रस-रंग-राग।

देखो, पर, क्या पाते तुम 'फल'
देगा जो भिन्न स्वाद रस भर,
कर पार तुम्हारा भी अन्तर
निकलेगा जो तरु का सम्बल।

फल सर्वश्रेष्ठ नायाब चीज
या तुम बाँध कर रँगा धागा;
फल के भी उर का, कटु, त्यागा,
मेरा आलोचक एक बीज।

बाईस
सच है

यह सच है—
तुमने जो दिया दान दान वह,
हिन्दी के हित का अभिमान वह,
जनता का जन-ताका ज्ञान वह,
सच्चा कल्याण वह अथच है—
यह सच है!

बार बार हार हार मैं गया,
खोजा जो हार क्षार में नया,—
उड़ी धूल, तन सारा भर गया,
नहीं फूल, जीवन अविकच है—
यह सच है!

●●

तेईस

युक्ति

''काल-वायु से स्खलित न होंगे
कनक-प्रसून?
क्या पलकों पर विचरे ही गी
यौवन-धूम?''

गत रागों का सूना अन्तर
प्रतिपल तब भी मेरा सुखकर
भर देगा यौवन—
मन ही सर्वसृजन।
मोह-पतन में भी तो रहते हैं हम
तम-कण चूम,
फिर ऐसी ही क्यों न रहेगी
यौवन-धूम?

●●

चौबीस

परलोक

नयन मुँदेंगे जब, क्या देंगे?—
चिर-प्रिय-दर्शन?
शत-सहस्त्र-जीवन-पुलकित, प्लुत
प्यालाकर्षण?
अमरण-रणमय मृदु-पद-रज?
विद्युद-घन-चुम्बन?
निर्विरोध, प्रतिहत भी
अप्रतिहत आलिंगन?

●●

पच्चीस

पतनोन्मुख

हमारा डूब रहा दिनमान!

मास-मास दिन-दिन प्रतिपल
उगल रहे हो गरल-अनल,
जलता यह जीवन असफल;
हिम- हत पातों-सा असमय ही
झुलसा हुआ शुष्क निश्चल!

विकल डालियों से
झरने ही पर हैं पल्लव-प्राण—
हमारा डूब रहा दिनमान!

●●

छब्बीस

प्याला

मृत्यु-निर्माण प्राण-नश्वर
कौन देता प्याला भर-भर?
मृत्यु की बाधाएँ, बहु द्वन्द्व
पार कर कर जाते स्वच्छन्द
तरंगों में भर अगणित रंग,
जंग जीते, मर हुए अमर।

गीत अनगिनित, नित्य नव छंद
विविध श्रृंखल, शत मंगल-बंद,
विपुल नव-रस पुलकित आनंद
मन्द मृदु झरता है झर-झर।

नाचतें ग्रह, तारा-मंडल,
पलक में उठ गिरते प्रतिपल,
धरा घिर घूम रही चंचल,
काल-गुणत्रय-भय-रहित समर।

काँपता है वासन्ती वात,
नाचते कुसुम-दशन तरु-पात
प्रात, फिर विश्वप्लावित मधु-रात
पुलकप्लुत आलोड़ित सागर।

सत्ताईस

रे, कुछ न हुआ, तो क्या?
जग धोका, तो रो क्या?
सब छाया से छाया,
नभ नीला दिखलाया,
तू घटा और बढ़ा
और गया और आया;
होता क्या, फिर हो क्या?
रे, कुछ न हुआ, तो क्या?

चलता तू, थकता तू,
रुक-रुक फिर बकता तू,
कमजोरी दुनिया हो, तो
कह क्या सकता तू?
जो धुला, उसे धो क्या?
रे, कुछ न हुआ तो क्या?

●●

अट्ठाईस

कौन तम के पार?—(रे, कह)
अखिल-पल के स्त्रोत, जल-जग,
गगन घन-घन-धार—(रे, कह)

गन्ध - व्याकुल - कूल - उर - सर,
लहर-कच कर कमल-मुख-पर,
हर्ष-अलि हर स्पर्श-शर, सर,
गूँज बारम्बार!—(रे, कह)
उदय में तम-भेद सुनयन,
अस्त-दल ढक पलक-कल तन,
निशा-प्रिय-उर-शयन सुख-धन
सार या कि असार?—(रे, कह)

बरसता आतप यथा जल
कलुष से कृत सुहृत कोमल,
अशिव उपलाकार मंगल,
द्रवित जल नीहार!—(रे, कह)

●●

उनतीस

अस्ताचल रवि, जल छलछल-छवि,
स्तब्ध विश्वकवि, जीवन उन्मन;
मन्द पवन बहती सुधि रह-रह
परिमल की कह कथा पुरातन।

दूर नदी पर नौका सुन्दर
दीखी मृदुतर बहती ज्यों स्वर,
वहाँ स्नेह की प्रतनु देह की
बिना गेह की बैठी नूतन।

ऊपर शोभित मेघ-छत्र सित,
नीचे अमित नील जल दोलित;
ध्यान-नयन-मन चिन्त्य प्राण-धन:
किया शेष रवि ने कर अर्पण।

●●

तीस

दे, मैं करूँ वरण
जननि, दुखंहरण पद-राग-रंजित मरण।

भीरुता के बँधे पाश सब छिन्न हों,
मार्ग के रोध विश्वास से भिन्न हों,
आज्ञा, जननि, दिवस-निशि करूँ अनुसरण।

लांछना इन्धन, हृदय-तल जले अनल,
भक्ति-नत-नयन मैं चलूँ अविरत सबल
पारकर जीवन-प्रलोभन समुपकरण।

प्राण संघात के सिन्धु के तीर मैं,
गिनता रहूँगा न कितने तरंग हैं,
धीर मैं ज्यों समीरण करूँगा तरण।

●●

इकतीस

अनगिनित आ गये शरण में जन, जननि,—
सुरभि-सुमनावली खुली, मधुऋतु अवनि!

स्नेह से पंक-उर
हुए पंकज मधुर,
ऊर्ध्व-दृग गगन में
देखते मुक्ति-मणि!

बीत रे गयी निशि,
देश लख हँसी दिशि,
अखिल के कण्ठ की
उठी आनन्द-ध्वनि!

●●

बत्तीस

पावन करो नयन!

पावन करो नयन!

रश्मि, नभ-नील-पर,
सतत शत रूप धर,
विश्व-छवि में उतर,
लघु-कर करो चयन!

प्रतनु, शरदिन्दु-वर,
पद्म-जल-विन्दु पर,
स्वप्न-जागृति सुघर,
दुख-निशि करो शयन!

●●

तैंतीस

वर दे, वीणावादिनी वर दे!
प्रिय स्वतंत्र-रव अमृत-मन्त्र नव
भारत में भर दे!
काट अन्ध-उर के बन्धन-स्तर
बहा जननि, ज्योतिर्मय निर्झर;
कलुष-भेद-तम हर प्रकाश भर
जगमग जग कर दे!

नव गति, नव लय, ताल-छन्द नव,
नवल कंठ, नव जलद मन्द्र रव,
नव नभ के नव विहग-वृन्द को
नव पर, नव स्वर दे!

●●

चौंतीस

बन्दूँ पद सुन्दर तव;
छन्द नवल स्वर-गौरव।

जननि, जनक-जननि-जननि;
जन्मभूमि-भाषे!
जागो, नव अम्बर-भर,
ज्योतिस्तर-वासे!
उठे स्वरोर्मियों-मुखर
दिक्कुमारिका-पिक-रव।

दृग-दृग को रंजित कर
अंजन भर दो भर—
बिधें प्राण पंचबाण
के भी, परिचय-शर।
दृग-दृग की बँधी सुछबि
बाँधें सचराचर भव!

●●

पैंतीस

भारति, जय, विजयकरे!
कनक - शस्य - कमलधरे!

लंका पदतल शतदल
गर्जितोर्मि सागर-जल,
धोता शुचि चरण युगल
स्तव कर बहु-अर्थ-भरे।

तरु-तृण-वन-लता वसन,
अंचल में खचित सुमन,
गंगा ज्योतिर्जल-कण
धवल धार हार गले।

मुकुट शुभ्र हिम-तुषार,
प्राण प्रणव ओंकार,
ध्वनित दिशाएँ उदार,
शतमुख - शतरव - मुखरे!

छत्तीस

जग का एक देखा तार।
कंठ अगणित, देह सप्तक,
मधुर-स्वर झंकार।

बहु सुमन, बहुरंग, निर्मित एक सुन्दर हार;
एक ही कर से गुँथा, उर एक शोभा-भार।
गन्ध-शत अरविन्द-नन्दन विश्व-वन्दन-सार,
अखिल-उर-रंजन निरंजन एक अनिल उदार।

सतत सत्य, अनादि निर्मल सकल सुख-विस्तार;
अयुत अधरों में सुसिंचित एक किंचित प्यार।
तत्त्व-नभ-तम में सकल-भ्रम-शेष, श्रम-निस्तार,
अलक-मंडल में यथा मुख-चन्द्र निरलंकार।

●●

सैंतीस

टूटें सकल बन्ध
कलि के, दिशा-ज्ञान-गत हो बहे गन्ध।

रुद्ध जो धार रे
शिखर-निर्झर झरे,
मधुर कलरव भरे
शून्य शत-शत रन्ध्र।

रश्मि ऋजु खींच दे
चित्र शत रंग के,
वर्ण-जीवन फले,
जागे तिमिर अन्ध।

●●

अड़तीस

बुझे तृष्णाशा-विषानल झरे भाषा अमृत-निर्झर,
उमड़ प्राणों से गहनतर छा गगन लें अवनि के स्वर।

ओस के धोये अनामिल पुष्प ज्यों खिल किरण-चूमे,
गंध-मुख मकरन्द-उर सानन्द पुर-पुर लोग घूमे,
मिटे कर्षण से धरा के पतन जो होता भयंकर,
उमड़ प्राणों से निरन्तर छा गगन लें अवनि के स्वर।

वढ़े वह परिचय बिंधा जो क्षुद्र भावों से हमारा,
क्षिति-सलिल से उठ अनिल बन देख लें हम गगन-कारा,
दूर हो तम-भेद यह जो वेद बनकर वर्ण-संकर,
पार प्राणों के करें उठ गगन को भी अवनि के स्वर।

●●

उनतालीस

प्रात तव द्वार पर,
आया, जननि, नैश अन्ध पथ पार कर।

लगे जो उपल पद, हुए उत्पल ज्ञात,
कंटक चुभे जागरण बने अवदात,
स्मृति में रहा पार करता हुआ रात,
अवसन्न भी हूँ प्रसन्न मैं प्राप्तवर—
प्रात तव द्वार पर।

समझा क्या वे सकेंगे भीरु मलिन-मन,
निशाचर तेजहत रहे जो वन्य जन,
धन्य जीवन कहाँ,—मातः, प्रभात-धन
प्राप्ति को बढ़ें जो गहें तव पद अमर—
प्रात तव द्वार पर।

चालीस

सरोज-स्मृति

उनविंश पर जो प्रथम चरण
तेरा वह जीवन-सिन्धु-तरण-
तनये, ली कर दृक्पात तरुण
जनक से जन्म की विदा अरुण!
गीते, मेरी, तज रूप-नाम
वर लिया अमर शाश्वत विराम,
पूरे कर शुचितर सपर्याय
जीवन के अष्टादशाध्याय,
चढ़ मृत्यु-तरणि पर तूर्ण-चरण
कह—"पितः, पूर्ण आलोक वरण
करती हूँ मैं, यह नहीं मरण,
'सरोज' का ज्योतिःशरण-तरण"—

अशब्द अधरों का सुना, भाष,
मैं कवि हूँ, पाया है प्रकाश
मैंने कुछ अहरह रह निर्भर
ज्योतिस्तरणा के चरणों पर।
जीवित-कविते, शत-शत-जर्जर
छोड़ कर पिता को पृथ्वी पर
तू गई स्वर्ग, क्या यह विचार—
"जब पिता करेंगे मार्ग पार
यह, अक्षम अति, तब मैं सक्षम,
तारूँगी कर गह दुस्तर तम?"
कहता तेरा प्रयाण सविनय,
कोई न अन्य था भावोदय।

श्रावण-नभ का स्तब्धान्धकार
शुक्ला प्रथमा, कर गई पार!

धन्ये, मैं पिता निरर्थक था,
कुछ भी तेरे हित न कर सका!
जाना तो अर्थागमोपाय,
पर रहा सदा संकुचित-काय
लख कर अनर्थ आर्थिक पथ पर
हारता रहा मैं स्वार्थ-समर।
शुचिते, पहनाकर चीनांशुक
रख सका न तुझे अतः दधिमुख।
क्षीण का न छीना कभी अन्न,
मैं लख न सका वे दृग विपन्न,
अपने आँसुओं अतः बिम्बित
देखे हैं अपने ही मुख-चित।

सोचा है नत हो बार-बार—
"यह हिन्दी का स्नेहोपहार,
है नहीं हार मेरा भास्वर
यह रत्नहार—लोकोत्तर वर।"
अन्यथा, जहाँ है भाव शुद्ध
साहित्य - कला - कौशल - प्रबुद्ध,
हैं दिये हुए मेरे प्रमाण
कुछ नहीं, प्राप्ति को समाधान,—
पार्श्व में अन्य रख कुशल हस्त
गद्य में पद्य में समाभ्यस्त।

देखें वे; हँसते हुए प्रवर
जो रहे देखते सदा समर,
एक साथ जब शत घात घूर्ण
आते थे मुझ पर तुले तूर्ण
देखता रहा मैं खड़ा अपल

वह शर-क्षेप, वह रण-कौशल।
व्यक्त हो चुका चीत्कारोत्कल
क्रुद्ध युद्ध का रुद्ध-कण्ठ फल।
और भी फलित होगी वह छवि,
जागे जीवन जीवन का रवि
लेकर कर कल तूलिका कला,
देखो क्या रँग भरती विमला,
वांछित उस किस लांछित छवि पर
फेरती स्नेह की कूची भर।

अस्तु मैं उपार्जन को अक्षम
कर नहीं सका पोषण उत्तम
कुछ दिन को, जब तू रही साथ,
अपने गौरव से झुका माथ,
पुत्री भी, पिता-गेह में स्थिर,
छोड़ने के प्रथम जीर्ण अजिर।
आँसुओं सजल दृष्टि की छलक
पूरी न हुई जो रही कलक
प्राणों की प्राणों में दब कर
कहती लघु-लघु उसाँस में भर;
समझता हुआ मैं रहा देख,
हटती भी पथ पर दृष्टि टेक।
तू सवा साल की जब कोमल,
पहचान रही ज्ञान में चपल,
माँ का मुख, हो चुम्बित क्षण-क्षण
भरती जीवन में नव जीवन,
वह चरित पूर्ण कर गई चली,
तू नानी की गोद जा पली।
सब किये वहीं कौतुक-विनोद
उस घर निशि-वासर भरे मोद;
खाई भाई की मार, विकल
रोयी उत्पल - दल - दृग - छलछल;
चुमकारा सिर उसने निहार,

फिर गंगा-तट-सैकत-विहार
करने को लेकर साथ चला,
तू गहकर चली हाथ चपला;
आँसुओं धुला मुख हासोच्छल,
लखती प्रसार वह ऊर्मि-धवल।

तब भी मैं इसी तरह समस्त
कवि-जीवन में व्यर्थ भी व्यस्त
लिखता अबाध गति मुक्त छन्द,
पर सम्पादकगण निरानन्द
वापस कर देते पढ़ सत्वर
दे एक-पंक्ति-दो में उत्तर।
लौटी रचना लेकर उदास
ताकता हुआ मैं दिशाकाश
बैठा प्रान्तर में दीर्घ प्रहर
व्यतीत करता था गुन-गुन कर
सम्पादक के गुण; यथाभ्यास
पास की नोंचता हुआ घास
अज्ञात फेंकता इधर-उधर
भाव की चढ़ी पूजा उन पर।
याद है दिवस की प्रथम धूप
थी पड़ी हुई तुझ पर सुरूप,
खेलती हुई तू परी चपल,
मैं दूरस्थित प्रवास से चल
दो वर्ष बाद, होकर उत्सुक
देखने के लिए अपने मुख
था गया हुआ, बैठा बाहर
आँगन में फाटक के भीतर
मोढ़े पर, ले कुण्डली हाथ
अपने जीवन की दीर्घ गाथ।
पढ़, लिखे हुए शुभ दो विवाह
हँसता था, मन में बड़ी चाह,

खण्डित करने को भाग्य-अंक;
देखा भविष्य के प्रति अशंक।
इससे पहले आत्मीय स्वजन
सस्नेह कह चुके थे, जीवन
सुखमय होगा, विवाह कर लो
जो पढ़ी-लिखी हो—सुन्दर हो।
आये ऐसे अनेक परिणय,
पर विदा किया मैंने सविनय
सबको, जो अड़े प्रार्थना भर
नयनों में, पाने को उत्तर
अनुकूल; उन्हें जब कहा निडर—
"मैं हूँ मंगली", मुड़े सुनकर।
इस बार एक आया विवाह
जो किसी तरह भी हतोत्साह
होने को न था, पड़ी अड़चन,
आया मन में भर आकर्षण
उन नयनों का, सासु ने कहा—
"वे बड़े भले जन हैं, भय्या
एन्ट्रेन्स पास है लड़की, वह,
बोले मुझसे—'छब्बीस ही तो
वर की है उम्र, ठीक ही है,
लड़की भी अट्ठारह की है।'

फिर हाथ जोड़ने लगे, कहा—
'वे नहीं कर रहे ब्याह, अहा,
हैं सुधरे हुए बड़े सज्जन!
अच्छे कवि, अच्छे विद्वज्जन!
हैं बड़े नाम उनके! शिक्षित
लड़की भी रूपवती; समुचित
आपको यही होगा कि कहें
हर तरह उन्हें; वर सुखी रहें।'
आयेंगे कल।" दृष्टि थी शिथिल,
आई पुतली तू खिल-खिल-खिल

हँसती, मैं हुआ पुनः चेतन
सोचता हुआ विवाह-बन्धन।
कुण्डली दिखा बोला—"ए—लो"
आई तू, दिया, कहा—"खेलो!"
कर स्नान-शेष, उन्मुक्त-केश
सासुजी रहस्य-स्मित सुवेश
आईं करने को बातचीत
जो कल होने वाली, अजीत
संकेत किया मैंने अखिन्न
जिस ओर कुण्डली छिन्न-भिन्न;
देखने लगीं वे विस्मय भर
तू बैठी संचित टुकड़ों पर।

धीरे-धीरे फिर बढ़ा चरण,
बाल्य की केलियों का प्रांगण
कर पार, कुंज-तारुण्य सुघर
आई, लावण्य-भार थर-थर
काँपा कोमलता पर सस्वर
ज्यों मालकोश नव वीणा पर;
नैश स्वप्न ज्यों तू मन्द-मन्द
फूटी ऊषा जागरण-छन्द,
काँपी भर निज आलोक-भार,
काँपा वन, काँपा दिक्-प्रसार।
परिचय-परिचय पर खिला सकल—
नभ, पृथ्वी, द्रुम, कलि, किसलय-दल।
क्या दृष्टि! अतल की सिक्त-धार
ज्यों भोगावती उठी अपार;
उमड़ता ऊर्ध्व को कल सलील
जल टलमल करता नील-नील,
पर बँधा देह के दिव्य बाँध,
छलकता दृगों से साध-साध।

फूटा कैसा प्रिय कंठ-स्वर
माँ की मधुरिमा व्यंजना भर।

हर पिता-कंठ की दृप्त-धार
उत्कलित रागिनी की बहार!
बन जन्मसिद्ध गायिका, तन्वि,
मेरे स्वर की रागिनी वह्नि
साकार हुई दृष्टि में सुघर,
समझा मैं क्या संस्कार प्रखर।
शिक्षा के बिना बना वह स्वर
है सुना न अब तक पृथ्वी पर!
जाना बस, पिक-बालिका प्रथम
पल अन्य नीड़ में जब सक्षम
होती उड़ने को, अपना स्वर
भर करती ध्वनित मौन प्रान्तर।

तू खिंची दृष्टि में मेरी छवि,
जागा उर में तेरा प्रिय कवि,
उन्मनन-गुंज सज हिला कुंज
तरु-पल्लव कलिदल पुंज-पुंज
बह चली एक अज्ञात वात
चूमती केश-मृदु नवल गात,
देखती सकल निष्पलक-नयन
तू, समझा मैं तेरा जीवन।
सासु ने कहा लख एक दिवसः —
''भैया अब नहीं हमारा बस,
पालना-पोसना रहा काम,
देना 'सरोज' को धन्य-धाम,
शुचि वर के कर, कुलीन लखकर,
है काम तुम्हारा धर्मोत्तर;
अब कुछ दिन इसे साथ लेकर
अपने घर रहो, ढूँढ़कर वर
जो योग्य तुम्हारे, करो ब्याह
होंगे सहाय हम सहोत्साह।''
सुनकर, गुनकर चुपचाप रहा,

कुछ भी न कहा,—न अहो, न अहा;
ले चला साथ मैं तुझे कनक
ज्यों भिक्षुक लेकर, स्वर्ण-झनक
अपने जीवन की, प्रभा विमल
ले आया निज गृह-छाया-तल।

सोचा मन में हत बार-बार—
''ये कान्यकुब्ज-कुल कुलांगार
खाकर पत्तल में करें छेद,
इनके कर कन्या, अर्थ खेद,
इस विषय-बेलि में विष ही फल,
यह दग्ध मरुस्थल—नहीं सुजल।''
फिर सोचा—''मेरे पूर्वज गण
गुजरे जिस राह, वही शोभन
होगा मुझको, यह लोक-रीति
कर दूँ पूरी, गो नहीं भीति
कुछ मुझे तोड़ते गत विचार;
पर पूर्ण रूप प्राचीन भार
ढोते मैं हूँ अक्षम; निश्चय
आयेगी मुझमें नहीं विनय
उतनी जो रेखा करे पार
सौहार्द-बन्ध की, निराधार।

वे जो यमुना के-से कछार
पद फटे बिवाई के, उधार
खाये के मुख ज्यों, पिये तेल
चमरौधे जूते से सकेल
निकले, जी लेते, घोर-गन्ध
उन चरणों को मैं यथा अन्ध,
कल घ्राण-प्राण से रहित व्यक्ति
हो पूजूँ, ऐसी नहीं शक्ति।
ऐसे शिव से गिरिजा-विवाह

करने की मुझको नहीं चाह।''
फिर आई याद—'मुझे सज्जन
है मिला प्रथम ही विद्वज्जन
नवयुवक एक, सत्साहित्यिक,
कुल कान्यकुब्ज, यह नैमित्तिक
होगा कोई इंगित अदृश्य,
मेरे हित है हित यही स्पृश्य
अभिनन्दनीय।' बँध गया भाव,
खुल गया हृदय का स्नेह-स्त्राव,
खत लिखा, बुला भेजा तत्क्षण,
युवक भी मिला प्रफुल्ल, चेतन।
बोला मैं—''मैं हूँ रिक्त-हस्त
इस समय, विवेचन में समस्त—
जो कुछ है मेरा अपना धन
पूर्वज से मिला, करूँ अर्पण
यदि महाजनों को, तो विवाह
कर सकता हूँ, पर नहीं चाह
मेरी ऐसी, दहेज देकर
मैं मूर्ख बनूँ, यह नहीं सुघर,
बारात बुला कर मिथ्या व्यय
मैं करूँ, नहीं ऐसा सुसमय।
तुम करो ब्याह, तोड़ता नियम
मैं सामाजिक योग के प्रथम,
लग्न के; पढ़ूँगा स्वयं मन्त्र
यदि पंडितजी होंगे स्वतंत्र।
जो कुछ मेरे, वह कन्या का,
निश्चय समझो, कुल धन्या का।''

आये पण्डितजी, प्रजावर्ग,
आमन्त्रित साहित्यिक, ससर्ग
देखा विवाह आमूल नवल,
तुझ पर शुभ पड़ा कलश का जल।
देखती मुझे तू हँसी मन्द,

होंठों में बिजली फँसी, स्पन्द
उर में भर झूली छवि सुन्दर
प्रिय की अशब्द शृंगार-मुखर
तू खुली एक-उच्छ्वास-संग,
विश्वास-स्तब्ध बँध अंग-अंग
नत नयनों से आलोक उतर
काँपा अधरों पर थर-थर-थर।
देखा मैंने, वह मूर्ति-धीति
मेरे वसन्त की प्रथम गीति—
शृंगार, रहा जो निराकार,
रस कविता में उच्छ्वसित-धार
गाया स्वर्गीया-प्रिया-संग—
भरता प्राणों में राग-रंग,
रति-रूप प्राप्त कर रहा वही,
आकाश बदल कर बना मही।
हो गया ब्याह, आत्मीय स्वजन,
कोई थे नहीं, न आमन्त्रण
था भेजा गया, विवाह-राग
भर रहा न घर निशि-दिवस जाग;
प्रिय मौन एक संगीत भरा
नव जीवन के स्वर पर उतरा।

माँ की कुल शिक्षा मैंने दी,
पुष्प-सेज तेरी स्वयं रची,
सोचा मन में, "वह शकुन्तला,
पर पाठ अन्य यह, अन्य कला।'
कुछ दिन रह गृह तू फिर समोद,
बैठी नानी की स्नेह-गोद।
मामा-मामी का रहा प्यार,
भर जलद धरा को ज्यों अपार;
वे ही सुख-दुःख में रहे न्यस्त,
तेरे हित सदा समस्त, व्यस्त;
वह लता वहीं की, जहाँ कली

तू खिली, स्नेह से हिली, पली,
अन्त भी उसी गोद में शरण
ली, मूँदे दृग वर महामरण!

मुझ भाग्यहीन की तू सम्बल
युग वर्ष बाद जब हुई विकल,
दुःख ही जीवन की कथा रही
क्या कहूँ आज, जो नहीं कही!
हो इसी कर्म पर वज्रपात
यदि धर्म, रहे नत सदा माथ
इस पथ पर, मेरे कार्य सकल
हों भ्रष्ट शीत के-से शतदल!
कन्ये, गत कर्मों का अर्पण
कर, करता मैं तेरा तर्पण!

●●

एकतालीस

राम की शक्ति-पूजा

रवि हुआ अस्त : ज्योति के पत्र पर लिखा अमर
रह गया राम-रावण का अपराजेय समर
आज का, तीक्ष्ण - शर - विधृत - क्षिप्र - कर, वेग - प्रखर,
शतशेलसम्वरणशील, नील नभ गर्ज्जित-स्वर,
प्रतिपल - परिवर्तित - व्यूह - भेद - कौशल - समूह,—
राक्षस - विरुद्ध प्रत्यूह,—क्रुद्ध - कपि - विषम - हूह,
विच्छरितवह्नि - राजीवनयन - हत लक्ष्य - बाण,
लोहितलोचन - रावण - मदमोचन - महीयान,
राघव - लाघव - रावण - वारण - गत - युग्म - प्रहर,
उद्धत - लंकापति मर्द्दित - कपि - दल-बल - विस्तर,
अनिमेष - राम - विश्वजिद्दिव्य - शर - भंग - भाव,—
विद्धांग - बद्ध - कोदंड - मुष्टि - खर - रुधिर - स्राव,
रावण - प्रहार - दुर्वार - विकल वानर - दल - बल,—
मूर्च्छित - सुग्रीवांगद - भीषण - गवाक्ष - गय - नल,—
वारित - सौमित्र - भल्लपति—अगणित - मल्ल - रोध,
गर्ज्जित - प्रलयाब्धि - क्षुब्ध - हनुमत् - केवल - प्रबोध,
उद्गीरित - वह्नि - भीम - पर्वत - कपि - चतुःप्रहर,—
जानकी - भीरु - उर - आशाभर—रावण - सम्वर।

लौटे युग - दल। राक्षस - पतदल पृथ्वी टलमल,
बिंध महोल्लास से बार - बार आकाश विकल।
वानर - वाहिनी खिन्न, लख निज - पति - चरण - चिह्न
चल रही शिविर की ओर स्थविर - दल ज्यों विभिन्न;

प्रशमित है वातावरण, नमित - मुख सान्ध्य कमल
लक्ष्मण चिन्ता - पल, पीछे वानर - वीर सकल;
रघुनायक आगे अवनी पर नवनीत - चरण,
श्लथ धनु - गुण है, कटिबन्ध स्रस्त तूणीर - धरण,
दृढ़ जटा - मुकुट हो विपर्यस्त प्रतिलट से खुल
फैला पृष्ठ पर, बाहुओं पर, वक्ष पर, विपुल
उतरा ज्यों दुर्गम पर्वत पर नैशान्धकार,
चमकतीं दूर ताराएँ ज्यों हो कहीं पार।
आये सब शिविर, सानु पर पर्वत के, मन्थर
सुग्रीव, विभीषण, जाम्बवान आदिक वानर,
सेनापति दल-विशेष के, अंगद, हनूमान,
नल, नील, गवाक्ष, प्रात के रण का समाधान
करने के लिए, फेर वानर-दल आश्रय-स्थल।

बैठे रघु-कुल-मणि श्वेत शिला पर; निर्मल जल
ले आये कर -पद - क्षालनार्थ पटु हनूमान;
अन्य वीर सर के गये तीर सन्ध्या-विधान—
वन्दना ईश की करने को, लौटे सत्वर,
सब घेर राम को बैठे आज्ञा को तत्पर;
पीछे लक्ष्मण, सामने विभीषण, भल्लधीर,
सुग्रीव, प्रान्त पर पाद-पद्म के महावीर;
यूथपति अन्य जो, यथास्थान, हो निर्निमेष
देखते राम का जित-सरोज-मुख-श्याम-देश।

है अमानिशा, उगलता गगन घन अन्धकार;
खो रहा दिशा का ज्ञान; स्तब्ध है पवन-चार;
अप्रतिहत गरज रहा पीछे अम्बुधि विशाल
भूधर ज्यों ध्यान-मग्न; केवल जलती मशाल।
स्थिर राघवेन्द्र को हिला रहा फिर-फिर संशय,
रह-रह उठता जग जीवन में रावण-जय-भय;
जो नहीं हुआ आज तक हृदय रिपु-दम्य-श्रान्त,—
एक भी, अयुत-लक्ष में रहा जो दुराक्रान्त,
कल लड़ने को हो रहा विकल वह बार-बार
असमर्थ मानता मन उद्यत हो हार-हार।

ऐसे क्षण अन्धकार घन में जैसे विद्युत
जागो पृथ्वी-तनया-कुमारिका-छवि, अच्युत
देखते हुए निष्पलक, याद आया उपवन
विदेह का,—प्रथम स्नेह का लतान्तराल मिलन
नयनों का—नयनों से गोपन—प्रिय सम्भाषण,—
पलकों का नव पलकों पर प्रथमोत्थान-पतन,—
काँपते हुए किसलय,—झरते पराग-समुदय,—
गाते खग-नव-जीवन-परिचय,—तरु मलय-वलय,—
ज्योतिःप्रपात स्वर्गीय,—ज्ञात छबि प्रथम स्वीय,
जानकी-नयन-कमनीय प्रथम कम्पन तुरीय।
सिहरा तन, क्षण भर भूला मन, लहरा समस्त,
हर धनुर्भंग को पुनर्वार ज्यों उठा हस्त,
फूटी स्मिति सीता-ध्यान-लीन राम के अधर,
फिर विश्व-विजय-भावना हृदय में आयी भर,
वे आये याद दिव्य शर अगणित मन्त्रपूत,—
फड़का पर नभ को उड़े सकल ज्यों देवदूत,
देखते राम, जल रहे शलभ ज्यों रजनीचर,
ताड़का, सुबाहु, विराध, शिरस्त्रय दूषण, खर;
फिर देखी भीमा मूर्ति आज रण देखी जो
आच्छादित किये हुए सम्मुख समग्र नभ को,
ज्योतिर्मय अस्त्र सकल बुझ-बुझ कर हुए क्षीण,
पा महानिलय उस तन में क्षण में हुए लीन;
लख शंकाकुल हो गये अतुल-बल शेष-शयन,—
खिंच गये दृगों में सीता के राममय नयन;
फिर सुना—हँस रहा अट्टहास रावण खलखल,
भावित नयनों से सजल गिरे दो मुक्ता-दल।
बैठे मारुति देखते राम-चरणारविन्द—
युग 'अस्ति-नास्ति' के एक-रूप, गुण-गण-अनिन्द्य;
साधना-मध्य भी साम्य-वाम-कर दक्षिण-पद,
दक्षिण कर-तल पर वाम चरण, कपिवर गद्‌गद
पा सत्य, सच्चिदानन्दरूप विश्राम-धाम,

जपते सभक्ति अपजा विभक्त हो राम-नाम।
युग चरणों पर आ पड़े अस्तु वे अश्रु युगल,
देखा कपि ने, चमके नभ में ज्यों तारादल।
ये नहीं चरण राम के, बने श्यामा के शुभ;
सोहते मध्य में हीरक-युग या दो कौस्तुभ,
टूटा वह तार ध्यान का, स्थिर मन हुआ विकल,
संदिग्ध भाव की उठी दृष्टि, देखा अविकल
बैठे वे वही कमल-लोचन, पर सजल नयन,
व्याकुल-व्याकुल कुछ चिर-प्रफुल्ल मुख, निश्चेतन।

'ये अश्रु राम के' आते ही मन में विचार,
उद्वेल हो उठा शक्ति-खेल-सागर अपार,
हो श्वसित पवन-उनचास पिता-पक्ष से तुमुल
एकत्र वक्ष पर बहा वाष्प को उड़ा अतुल,
शत घूर्णावर्त, तरंग-भंग उठते पहाड़,
जल-राशि-राशि-जल पर चढ़ता खाता पछाड़,
तोड़ता बन्ध-प्रतिसन्ध धरा, हो स्फीत-वक्ष
दिग्विजय-अर्थ प्रतिपल समर्थ बढ़ता समक्ष।
शत-वायु-वेग-बल, डुबा अतल में देश-भाव,
जलराशि विपुल मथ मिला अनिल में महाराव
वज्रांग तेजघन बना पवन को, महाकाश
पहुँचा, एकादश रुद्र क्षुब्ध कर अट्टहास।
रावण-महिमा श्यामा विभावरी अन्धकार,
यह रुद्र राम-पूजन-प्रताप तेजःप्रसार;
उस ओर शक्ति शिव की जो दशस्कन्ध-पूजित,
इस ओर रुद्र-वन्दन जो रघुनन्दन-कूजित;
करने को ग्रस्त समस्त व्योम कपि बढ़ा अटल,
लख महानाश शिव अचल हुए क्षण-भर चंचल,
श्यामा के पदतल भारधरण हर मन्द्रस्वर
बोले—"सम्वरो देवि, निज तेज, नहीं वानर
यह,—नहीं हुआ शृंगार-युग्म-गत, महावीर,

अर्चना राम की मूर्तिमान अक्षय-शरीर
चिर-ब्रह्मचर्य-रत, ये एकादश रुद्र धन्य,
मर्यादा-पुरुषोत्तम के सर्वोत्तम, अनन्य,
लीला-सहचर, दिव्यभावधर, इन पर प्रहार,
करने पर होगी देवि, तुम्हारी विषम हार;
विद्या का ले आश्रय इस मन को दो प्रबोध,
झुक जायेगा कपि, निश्चय होगा दूर रोध।''

कह हुए मौन शिव; पवन-तनय में भर विस्मय
सहसा नभ में अंजना-रूप का हुआ उदय;
बोली माता—''तुमने रवि को जब लिया निगल
तब नहीं बोध था तुम्हें, रहे बालक केवल;
यह वही भाव कर रहा तुम्हें व्याकुल रह-रह,
यह लज्जा की है बात कि माँ रहती सह-सह;
यह महाकाश, है जहाँ वास शिव का निर्मल—
पूजते जिन्हें श्रीराम, उसे ग्रसने को चल
क्या नहीं कर रहे तुम अनर्थ—सोचो मन में;
क्या दी आज्ञा ऐसी कुछ श्रीरघुनन्दन ने?
तुम सेवक हो, छोड़ कर धर्म कर रहे कार्य—
क्या असम्भाव्य हो यह राघव के लिए धार्य?''
कपि हुए नम्र, क्षण में माताछवि हुई लीन,
उतरे धीरे-धीरे गह प्रभु-पद हुए दीन।

राम का विषण्णानन देखते हुए कुछ क्षण,
'हे सखा', विभीषण बोले, ''आज प्रसन्न वदन
वह नहीं देख कर जिसे समग्र वीर वानर—
भल्लूक विगत-श्रम हो पाते जीवन-निर्जर;
रघुवीर, तीर सब वही तूण में हैं रक्षित,
है वही वक्ष, रण-कुशल हस्त, बल वही अमित;
हैं वही सुमित्रानन्दन मेघनाद-जित-रण,
हैं वही भल्लपति, वानरेन्द्र सुग्रीव प्रमन,
तारा-कुमार भी वही महाबल श्वेत धीर,
अप्रतिभट वही एक—अर्बुद-सम, महावीर,

हैं वही दक्ष सेना-नायक, है वही समर,
फिर कैसे असमय हुआ उदय यह भाव-प्रहर?
रघुकुल-गौरव, लघु हुए जा रहे तुम इस क्षण,
तुम फेर रहे हो पीठ हो रहा जब जय रण!
कितना श्रम हुआ व्यर्थ! आया जब मिलन-समय,
तुम खींच रहे हो हस्त जानकी से निर्दय!
रावण, रावण, लम्पट, खल कल्मष गताचार,
जिसने हित कहते किया मुझे पाद-प्रहार,
वैठा वैभव में देगा दुख सीता को फिर,—
कहता रण की जय-कथा पारिषद-दल से घिर;
सुनता वसन्त में उपवन में कल-कूजित पिक
मैं बना किन्तु लंकापति, धिक्, राघव, धिक्-धिक्!''

सब सभा रही निस्तब्ध, राम के स्तिमित नयन
छोड़ते हुए, शीतल प्रकाश देखते विमन
जैसे ओजस्वी शब्दों का जो था प्रभाव
उससे न इन्हें कुछ चाव, न हो कोई दुराव;
ज्यों हों वे शब्द मात्र,—मैत्री को समनुरक्ति,
पर जहाँ गहन भाव के ग्रहण की नहीं शक्ति।
कुछ क्षण तक रह कर मौन सहज निज कोमल स्वर
बोले रघुमणि—''मित्रवर, विजय होगी न समर;
यही नहीं रहा नर-वानर का राक्षस से रण,
उतरीं पा महाशक्ति रावण से आमन्त्रण;
अन्याय जिधर, हैं उधर शक्ति!'' कहते छल-छल
हो गये नयन, कुछ बूँद पुनः ढलके दृगजल,
रुक गया कण्ठ, चमका लक्ष्मण-तेजः प्रचंड,
धँस गया धरा में कपि गह युग पद मसक दंड,
स्थिर जाम्बवान,—समझते हुए ज्यों सकल भाव,
व्याकुल सुग्रीव,—हुआ उर में ज्यों विषम घाव,
निश्चित-सा करते हुए विभीषण कार्य-क्रम,
मौन में रहा यों स्पन्दित वातावरण विषम।
निज सहज रूप में संयत हो जानकी-प्राण
बोले—''आया न समझ में यह दैवी विधान;

रावण, अधर्मरत भी, अपना, मैं हुआ अपर—
यह रहा शक्ति का खेल समर, शंकर, शंकर!
करता मैं योजित बार-बार शर-निकर निशित
हो सकती जिनसे यह संसृति सम्पूर्ण विजित,
जो तेजःपुंज, सृष्टि की रक्षा का विचार
है जिसमें निहित पतनघातक संस्कृति अपार—
शत-शुद्धि-बोध—सूक्ष्मातिसूक्ष्म मन का विवेक,
जिनमें है क्षात्रधर्म का धृत पूर्णाभिषेक,
जो हुए प्रजापतियों से संयम से रक्षित,
वे शर हो गये आज रण में, श्रीहत खण्डित।
देखा, हैं महाशक्ति रावण को लिये अंक,
लांछन को ले जैसे शशांक नभ में अशंक,
हत मन्त्रपूत शर संवृत करतीं बार-बार
निष्फल होते लक्ष्य पर क्षिप्र वार पर वार!
विचलित लख कपिदल क्रुद्ध, युद्ध को मैं ज्यों-ज्यों,
झक-झक झलकती वह्नि वामा के दृग त्यों-त्यों;
पश्चात्, देखने लगीं मुझे, बँध गये हस्त,
फिर खिंचा न धनु, मुक्त ज्यों बँधा मैं हुआ त्रस्त।"

कह हुए भानुकुलभूषण वहाँ मौन क्षण भर,
बोले विश्वस्त कंठ से जाम्बवान—"रघुवर,
विचलित होने का नहीं देखता मैं कारण,
हे पुरुष-सिंह, तुम भी यह शक्ति करो धारण,
आराधन का दृढ़ आराधन से दो उत्तर,
तुम वरो विजय संयत प्राणों से प्राणों पर;
रावण अशुद्ध होकर भी यदि कर सका त्रस्त
तो निश्चय तुम हो सिद्ध करोगे उसे ध्वस्त;
शक्ति की करो मौलिक कल्पना, करो पूजन,
छोड़ दो समर जब तक न सिद्धि हो रघुनन्दन!
तब तक लक्ष्मण हैं महावाहिनी के नायक
मध्य भाग में, अंगद दक्षिण-श्वेत सहायक,
मैं भल्ल-सैन्य; हैं वाम पार्श्व में हनूमान,
नल, नील और छोटे कपिगण—उनके प्रधान;

सुग्रीव, विभीषण, अन्य यूथपति यथासमय
आयेंगे रक्षा हेतु जहाँ भी होगा भय।"

खिल गयी सभा। "उत्तम निश्चय यह, भल्लनाथ!"
कह दिया वृद्ध को मान राम ने झुका माथ।
हो गये ध्यान में लीन पुनः करते विचार,
देखते सकल—तन पुलकित होता बार-बार।
कुछ समय अनन्तर इन्दीवर निन्दित लोचन
खुल गये, रहा निष्पलक भाव में मज्जित मन।
बोले आवेग-रहित स्वर से विश्वास-स्थित—
"मातः, दशभुजा, विश्व-ज्योतिः, मैं हूँ आश्रित;
हो विद्ध शक्ति से है खल महिषासुर मर्दित,
जनरंजन-चरण-कमल-तल, धन्य सिंह गर्ज्जित!
यह, यह मेरा प्रतीक, मातः, समझा इंगित;
मैं सिंह, इसी भाव से करूँगा अभिनन्दित।"
कुछ समय स्तब्ध हो रहे राम छवि में निमग्न,
फिर खोले पलक कमल-ज्योतिर्दल ध्यान-लग्न;
हैं देख रहे मन्त्री, सेनापति, वीरासन
बैठे उमड़ते हुए, राघव का स्मित आनन।
बोले भावस्थ चन्द्र-मुख-निन्दित रामचन्द्र,
प्राणों में पावन कम्पन भर, स्वर मेघमन्द्र—
"देखो बन्धुवर, सामने स्थित जो यह भूधर
शोभित शत-हरित-गुल्म-तृण से श्यामल सुन्दर,
पार्वती कल्पना हैं इसकी, मकरन्द-विन्दु;
गरजता चरण-प्रान्त पर सिंह वह, नहीं सिन्धु;
दशदिक-समस्त हैं हस्त, और देखो ऊपर,
अम्बर में हुए दिगम्बर अर्चित शशि-शेखर;
लख महाभाव-मंगल पदतल धँस रहा गर्व—
मानव के मन का असुर मन्द, हो रहा खर्व।"

फिर मधुर दृष्टि से प्रिय कपि को खींचते हुए
बोले प्रियतर स्वर से अन्तर सींचते हुए—

"चाहिए हमें एक सौ आठ, कपि, इन्दीवर,
कम-से-कम, अधिक और हों, अधिक और सुन्दर,
जाओ देवीदह, उषःकाल होते सत्वर,
तोड़ो, लाओ वे कमल, लौटकर लड़ो समर।"
अवगत हो जाम्बवान से पथ, दूरत्व, स्थान,
प्रभु-पद-रज सिर धर चले हर्ष भर हनूमान।
राघव ने विदा किया सब को जानकर समय,
सब चले सदय राम की सोचते हुए विजय।

निशि हुई विगतः नभ के ललाट पर प्रथम किरण
फूटी, रघुनन्दन के दृग महिमा-ज्योति-हिरण;
हैं नहीं शरासन आज हस्त-तूणीर स्कन्ध,
वह नहीं सोहता निविड़-जटा-दृढ़-मुकुट-बन्ध;
सुन पड़ता सिंहनाद,—रण-कोलाहल अपार,
उमड़ता नहीं मन, स्तब्ध सुधी हैं ध्यान धार;
पूजोपरान्त जपते दुर्गा, दशभुजा नाम,
मन करते हुए मनन नामों के गुणग्राम;
बीता वह दिवस, हुआ मन स्थिर इष्ट के चरण,
गहन-से-गहनतर होने लगा समाराधन।

क्रम-क्रम से हुए पार राघव के पंच दिवस,
चक्र से चक्र मन चढ़ता गया ऊर्ध्व निरलस;
कर-जप पूरा कर एक चढ़ाते इन्दीवर,
निज पुरश्चरण इस भाँति रहे हैं पूरा कर।
चढ़ षष्ठ दिवस आज्ञा पर हुआ समाहित मन,
प्रति जप से खिंच-खिंच होने लगा महाकर्षण;
संचित त्रिकुटी पर ध्यान द्विदल देवी-पद पर,
जप के स्वर लगा काँपने थर-थर-थर अम्बर,
दो दिन निष्पन्द एक आसन पर रहे राम,
अर्पित करते इन्दीवर, जपते हुए नाम।

आठवाँ दिवस, मन ध्यान-युक्त चढ़ता ऊपर
कर गया अतिक्रम ब्रह्मा-हरि-शंकर का स्तर,

हो गया विजित ब्रह्माण्ड पूर्ण, देवता स्तब्ध,
हो गये दग्ध जीवन के तप के समारब्ध,
रह गया एक इन्दीवर, मन देखता-पार
प्रायः करने को हुआ दुर्ग जो सहस्त्रार,
द्विप्रहर रात्रि, साकार हुईं दुर्गा छिपकर,
हँस उठा ले गयीं पूजा का प्रिय इन्दीवर।
यह अन्तिम जप, ध्यान में देखते चरण युगल
राम ने बढ़ाया कर लेने को नील कमल;
कुछ लगा न हाथ, हुआ सहसा स्थिर मन चंचल
ध्यान की भूमि से उतरे, खोले पलक विमल,
देखा, वह रिक्त स्थान, यह जप का पूर्ण समय,
आसन छोड़ना असिद्धि, भर गये नयन द्वय।

''धिक् जीवन को जो पाता ही आया विरोध,
धिक् साधन, जिसके लिए सदा ही किया शोध!
जानकी! हाय, उद्धार प्रिया का हो न सका।''
वह एक और मन रहा राम का जो न थका;
जो नहीं जानता दैन्य, नहीं जानता विनय
कर गया भेद वह मायावरण प्राप्त कर जय,
बुद्धि के दुर्ग पहुँचा विद्युत-गति हतचेतन
राम में जगी स्मृति, हुए सजग पा भाव प्रमन।
''यह है उपाय'' कह उठे राम ज्यों मन्द्रित घन—
''कहती थीं माता मुझे सदा राजीवनयन!
दो नील कमल हैं शेष अभी, यह पुरश्चरण
पूरा करता हूँ देकर मातः एक नयन।''

कह कर देखा तूणीर ब्रह्मशर रहा झलक,
ले लिया हस्त, लक-लक करता वह महाफलक;
ले अस्त्र वाम कर, दक्षिण कर दक्षिण लोचन
ले अर्पित करने को उद्यत हो गये सुमन
जिस क्षण बँध गया बेधने को दृग दृढ़ निश्चय,
काँपा ब्रह्माण्ड, हुआ देवी का त्वरित उदय।—

"साधु, साधु, साधक धीर, धर्म-धन धन्य राम!"
कह, लिया भगवती ने राघव का हस्त थाम।
देखा राम ने—सामने श्री दुर्गा, भास्वर
वामपद असुर-स्कन्ध पर, रहा दक्षिण हरि पर;
ज्योतिर्मय रूप, हस्त दश विविध अस्त्र-सज्जित,
मन्द स्मित मुख, लख हुई विश्व की श्री लज्जित,
हैं दक्षिण में लक्ष्मी, सरस्वती वाम भाग,
दक्षिण गणेश, कार्तिक बायें रण-रंग राग,
मस्तक पर शंकर। पदपद्मों पर श्रद्धाभर
श्री राघव हुए प्रणत मन्दस्वर वन्दन कर।

"होगी जय, होगी जय, हे पुरुषोत्तम नवीन!"
कह महाशक्ति राम के वदन में हुईं लीन!

●●

द्वितीय चरण (१९३७-४६)

बयालिस

नर्गिस

(१)

बीत चुका शीत, दिन वैभव का दीर्घतर
डूब चुका पश्चिम में, तारक-प्रदीप-कर
स्निग्ध-शान्त-दृष्टि सन्ध्या चली गयी मन्द-मन्द
प्रिय की समाधि-ओर, हो गया है रव बन्द
विहंगों का नीड़ों पर, केवल गंगा का स्वर
सत्य ज्यों शाश्वत सुन पड़ता है स्पष्टतर,
बहता है साथ गत गौरव का दीर्घ काल
प्रहर - तरंग - कर - ललित - तरल - ताल।

चैत्र का है कृष्ण पक्ष, चन्द्र तृतीया का आज
उग आया गगन में, ज्योत्स्ना तनु-शुभ्र-साज
नन्दन की अप्सरा धरा को विनिर्जन जान
उतरी सभय करने को नैश गंगा-स्नान।
तट पर उपवन सुरम्य, मैं मौनमन
बैठा देखता हूँ तारतम्य विश्व का सघन;
जाह्नवी को घेर कर आप उठे ज्यों करार
त्यों ही नभ और पृथ्वी लिये ज्योत्स्ना ज्योतिर्धार,
सूक्ष्मतम होता हुआ जैसे तत्त्व ऊपर को
गया, श्रेष्ठ मान लिया लोगों ने महाम्बर को,
स्वर्ग त्यों धरा से श्रेष्ठ, बड़ी देह से कल्पना,
श्रेष्ठ सृष्टि स्वर्ग की है खड़ी सशरीर ज्योत्स्ना।

(२)

युवती धरा का यह था भरा वसन्त-काल,
हरे-भरे स्तनों पर पड़ी कलियों की माल,
सौरभ से दिक्कुमारियों का मन सींचकर
बहता है पवन प्रसन्न तन खींचकर।

पृथ्वी स्वर्ग से ज्यों कर रही है होड़ निष्काम
मैंने फेर मुख देखा, खिली हुई अभिराम
नर्गिस, प्रणय के ज्यों नयन हों एकटक
प्रिय-भाव-भरे देखते हुए रहे हों थक,
मुख पर लिखी अविश्वास की रेखाएँ पढ़
स्नेह के निगड़ में ज्यों बँधे भी रहे हैं कढ़।
कहती ज्यों नर्गिस—"आयी जो परी पृथ्वी पर
स्वर्ग की, इसी से हो गयी हैं क्या सुन्दरतर?
पार कर अन्धकार आयी जो आकाश पर,
सत्य कहो, मित्र, नहीं सकी स्वर्ग प्राप्त कर?
कौन अधिक सुन्दर है—देह अथवा आँखें?
चाहते भी जिसे तुम—पक्षी वह या कि पाँखें?
स्वर्ग झुक आये यदि धरा पर तो सुन्दर
या कि यदि धरा चढ़े स्वर्ग पर तो सुघर?"

बही हवा, नर्गिस की मन्द छा गयी सुगन्ध,
धन्य, 'स्वर्ग यहीं' कह किये मैंने दृग बन्द।

●●

तैंतालिस

वसन्त की परी के प्रति

आओ, आओ फिर, मेरे वसन्त की परी—
छबि-विभावरी;
सिहरो, स्वर से भर-भर, अम्बर की सुन्दरी—
छबि-विभावरी!

बहे फिर चपल ध्वनि-कलकल तरंग,
तरल मुक्त नव-नव छल के प्रसंग,
पूरित-परिमल निर्मल सजल-अंग,
शीतल-सुख मेरे तट की निस्तल निर्झरी—
छबि-विभावरी!

निर्जन ज्योत्स्नाचुम्बित वन सघन,
सहज समीरण, कली निरावरण
आलिंगन दे उभार दे मन,
तिरे नृत्य करती मेरी छोटी-सी तरी—
छबि-विभावरी!

आयी है फिर मेरी 'बेला' की यह वेला,
'जुही की कली' को प्रियतम से परिणय-हेला,
तुमसे मेरी निर्जन बातें—सुमिलन मेला,
कितने भावों से हर जब हो मन पर विहरी—
छबि-विभावरी!

●●

चौवालिस

अपराजिता

हारी नहीं, देख, आँखें—
परी-नागरी की;
नभ कर गयीं पार पाँखें—
परी-नागरी की।
तिल नीलिमा को रहे स्नेह से भर
जग कर नयी ज्योति उतरी धरा पर,
रंग से भरी हैं, हरी हो उठीं हर
तरु की तरुण-तान शाखें;
परी-नागरी की—
हारीं नहीं, देख, आँखें।

●●

पैंतालिस

आये पलक पर प्राण कि
बन्दनवार बने तुम।
उमड़े हो कण्ठ के गान,
गले के हार बने तुम।
देह की माया की जोत,
जीभ की सीप के मोती,
छन-छन और उदोत,
वसन्त-बहार बने तुम।
दुपहर की घनी छाँह,
धनी इक मेरे बानिक,
हाथ की पकड़ी बाँह,
सुरों के तार बने तुम।
भीख के दिन-दूने दान,
कमल कल-कुल की कान के,
मेरे जिये के मान,
हिये के प्यार बने तुम।

●●

छियालीस

स्नेह की रागिनी बजी
देह की सुर-बहार पर,
वर विलासिनी सजी
प्रिय के अश्रुहार पर।
नयन हो गये हैं वे
अयन जिनका खो गया,
सुख के शयन के लिए
आये हैं असि की धार पर।
ओस से धुल गयी कली,
रवि की आँख खुल गयी,
तरुण मूर्छना जगी
विश्व के तार-तार पर।

●●

सैंतालीस

हँसी के तार होते हैं ये बहार के दिन।
हृदय के हार के होते हैं ये बहार के दिन
निगह रुकी कि केशरों की वेशिनी ने कहा,
सुगन्ध-भार के होते हैं ये बहार के दिन।
कहीं की बैठी हुई तितली पर जो आँख गयी
कहा, सिंगार के होते हैं ये बहार के दिन।
हवा चली, गले खुशबू लगी कि वे बोले,
समीर-सार के होते हैं ये बहार के दिन।
नवीनता की आँखें चार जो हुईं उनसे,
कहा कि प्यार के होते हैं ये बहार के दिन।

●●

अड़तालिस

वन-बेला

वर्ष का प्रथम
पृथ्वी के उठे उरोज मंजु पर्वत निरुपम
किसलयों बँधे,
पिक-भ्रमर-गुंज भर मुखर प्राण रच रहे सधे
प्रणय के गान,
सुन कर सहसा
प्रखर से प्रखरतर हुआ तपन-यौवन सहसा;
ऊर्जित, भास्वर
पुलकित शत - शत व्याकुल कर भर
चूसता रसा को बार - बार चुम्बित दिनकर
क्षोभ से, लोभ से, ममता से,
उत्कंठा से, प्रणय के नयन की समता से,
सर्वस्व दान
दे कर, ले कर सर्वस्व प्रिया का सुकृत मान।
दाब में ग्रीष्म,
भीष्म से भीष्म बढ़ रहा ताप,
प्रस्वेद कम्प,
ज्यों ज्यों युग उर में और चाप—
और सुख-झम्प :
निश्वास सघन
पृथ्वी की—बहती लू : निर्जीवन
जड़-चेतन।

यह सान्ध्य समय,
प्रलय का दृश्य भरता अम्बर,

पीताभ, अग्निमय, ज्यों दुर्जय,
निर्धूम, निरभ्र, दिगन्त प्रसर
कर भस्मीभूत समस्त विश्व को एक शेष,
उड़ रही धूल, नीचे अदृश्य हो रहा देश।

मैं मन्द-गमन,
धर्माक्त, विरक्त पार्श्व-दर्शन से खींच नयन,
चल रहा नदी-तट को करता मन में विचार—
'हो गया व्यर्थ जीवन,
मैं रण में गया हार!
सोचा न कभी—
अपने भविष्य की रचना पर चल रहे सभी!'
—इस तरह बहुत कुछ।
आया निज इच्छित स्थल पर
बैठा एकान्त देख कर
मर्माहत स्वर भर!

फिर लगा सोचने यथासूत्र—मैं भी होता
यदि राजपुत्र—मैं क्यों न सदा कलंक ढोता,
ये होते—जितने विद्याधर—मेरे अनुचर,
मेरे प्रसाद के लिए विनत-सिर उद्यत-कर;
मैं देता कुछ, रख अधिक, किन्तु जितने पेपर,
सम्मिलित कण्ठ से गाते मेरी कीर्ति अमर,
जीवन चरित्र
लिख अग्रलेख, अथवा छापते विशाल चित्र।
इतना भी नहीं, लक्षपति का भी यदि कुमार
होता मैं, शिक्षा पाता अरब-समुद्र-पार,
देश की नीति के मेरे पिता परम पण्डित
एकाधिकार रखते भी धन पर, अविचल-चित
होते उग्रतर साम्यवादी, करते प्रचार,
चुनती जनता राष्ट्रपति उन्हें ही सुनिर्धार,

पैसे में दस राष्ट्रीय गीत रच कर उन पर
कुछ लोग बेचते गा-गा गर्दभ-मर्दन-स्वर,
हिन्दी सम्मेलन भी न कभी पीछे को पग
रखता कि अटल साहित्य कहीं यह हो डगमग,
मैं पाता खबर तार से त्वरित समुद्र-पार,
लार्ड के लाड़लों को देता दावत विहार;
इस तरह खर्च केवल सहस्र षट मास-मास
पूरा कर आता लौट योग्य निज पिता पास
वायुयान से, भारत पर रखता चरण-कमल,
पत्रों के प्रतिनिधि-दल में मच जाती हलचल,
दौड़ते सभी कैमरा हाथ, कहते सत्वर
निज अभिप्राय, मैं सभ्य माना जाता झुक कर,
होता फिर खड़ा इधर को मुख कर कभी उधर,
बीसियों भाव की दृष्टि सतत नीचे ऊपर;
फिर देता दृढ़ सन्देश देश को मर्मान्तिक,
भाषा के बिना न रहती अन्य गंध प्रान्तिक,
जितने रूस के भाव, मैं कह जाता अस्थिर,
समझते विचक्षण ही जब वे छपते फिर-फिर,
फिर पिता संग
जनता की सेवा का व्रत मैं लेता अभंग,
करता प्रचार

मंच पर खड़ा हो! साम्यवाद इतना उदार,
तप तप मस्तक
हो गया सान्ध्य-नभ का रक्ताभ दिगन्त-फलक;
खोली आँखें आतुरता से, देखा अमन्द
प्रेयसी के अलक से आती ज्यों स्निग्ध गन्ध,
'आया हूँ मैं तो यहाँ अकेला, रहा बैठ'
सोचा सत्वर,
देखा फिर कर, घिर कर हँसती उपवन-बेला
जीवन में भर :—
यह ताप, त्रास

मस्तक पर ले कर उठी अतल की अतुल साँस,
ज्यों सिद्धि परम
भेद कर कर्म-जीवन के दुस्तर क्लेश, सुषम
आयी ऊपर,
जैसे पार कर क्षीर सागर
अप्सरा सुघर
सिक्त-तन-केश शत लहरों पर
काँपती विश्व के चकित दृश्य के दर्शन-शर।

बोला मैं—'बेला नहीं ध्यान
लोगों का जहाँ, खिली हो बन कर वन्य गान!
जब तार प्रखर,
लघु प्याले में अतल की सुशीतलता ज्यों भर
तुम करा रही हो यह सुगन्ध की सुरा पान!'

लाज से नम्र हो उठा, चला मैं और पास
सहसा बह चली सान्ध्य बेला की सुबतास,
झुक-झुक, तन-तन, फिर झूम-झूम, हँस-हँस, झकोर,
चिर-परिचित चितवन डाल, सहज मुखड़ा मरोर,
भर मुहुर्मुहर, तन-गन्ध विमल बोली बेला—
'मैं देती हूँ सर्वस्व, छुओ मत, अवहेला
की अपनी स्थिति की जो तुमने, अपवित्र स्पर्श
हो गया तुम्हारा, रुको, दूर से करो दर्श।'

मैं रुका वहीं,
वह शिखा नवल
आलोक स्निग्ध भर दिखा गयी पथ जो उज्ज्वल;
मैंने स्तुति की—''हे वन्य वह्नि की तन्वि-नवल!
कविता में कहाँ खुले ऐसे दल दुग्ध-धवल?
यह अपल स्नेह,—
विश्व के प्रणयि-प्रणयिनियों का

हार-उर गेह?—
गति सहज मन्द
यह कहाँ—कहाँ वामालक चुम्बित पुलक गन्ध!'

'केवल आपा खोया, खेला
इस जीवन में',
कह सिहरी तन में वन-बेला!
'कू—ऊ कू—ऊ' बोली कोयल, अन्तिम सुख-स्वर,
पर कहाँ पपीहा-प्रिया मधुर विष गयी छहर,
उर बढ़ा आयु
पल्लव-पल्लव को हिला हरित बह गयी वायु,
लहरों में कम्प और लेकर उत्सुक सरिता
तैरी, देखतीं तमश्चरिता,
छवि बेला की नभ की ताराएँ निरुपमिता,
शत-नयन-दृष्टि
विस्मय में भर कर रही विविध-आलोक-सृष्टि।

भाव में हरा मैं, देख मन्द हँस दी बेला,
बोली अस्फुट स्वर से—'यह जीवन का मेला'
चमकता सुघर बाहरी वस्तुओं को ले कर,
त्यों-त्यों आत्मा की निधि पावन बनती पत्थर।
बिकती जो कौड़ी-मोल
यहाँ होगी कोई इस निर्जन में,
खोजो, यदि हो समतोल
वहाँ कोई, विश्व के नगर-धन में।
है वहाँ मान,
इसलिए बड़ा है एक, शेष छोटे अजान,
पर ज्ञान जहाँ,
देखना—बड़े-छोटे असमान समान वहाँ
सब सुहृद्वर्ग

उनकी आँखों की आभा से दिग्देश स्वर्ग।

बोला मैं—'यही सत्य, सुन्दर।
नाचतीं वृन्त पर तुम, ऊपर
होता जब उपल-प्रहार प्रखर!
        अपनी कविता
तुम रहो एक मेरे उर में
अपनी छवि में शुचि संचरिता।'

        फिर उषःकाल
मैं गया टहलता हुआ, बेल की झुका डाल
        तोड़ता फूल कोई ब्राह्मण,
        'जाती हूँ मैं' बोली बेला,
'जीवन प्रिय के चरणों पर करने को अर्पण'—
        देखती रही;
निस्स्वन, प्रभात की वायु बही।

●●

उनचास

तोड़ती पत्थर

वह तोड़ती पत्थर;
देखा उसे मैंने इलाहाबाद के पथ पर—
        वह तोड़ती पत्थर।
कोई न छायादार
पेड़ वह जिसके तले बैठी हुई स्वीकार;
श्याम तन, भर बँधा यौवन,
नत नयन, प्रिय-कर्म-रत मन,
गुरु हथौड़ा हाथ,
करती बार-बार प्रहार :—
सामने तरु-मालिका अट्टालिका, प्राकार।

चढ़ रही थी धूप;
गर्मियों के दिन
दिवा का तमतमाता रूप;
उठी झुलसाती हुई लू,
रुई ज्यों जलती हुई भू,
गर्द चिनगीं छा गयीं,
प्राय: हुई दुपहर :—
वह तोड़ती पत्थर।

देखते देखा मुझे तो एक बार
उस भवन की ओर देखा, छिन्नतार;
देखकर कोई नहीं,

देखा मुझे उस दृष्टि से
जो मार खा रोयी नहीं,

सजा सहज सितार,
सुनी मैंने वह नहीं जो सुनी थी झंकार
एक क्षण के बाद वह काँपी सुघर,
ढुलक माथे से गिरे सीकर,
लीन होते कर्म में फिर ज्यों कहा—
'मैं तोड़ती पत्थर!'

●●

पचास

उक्ति

जला है जीवन यह
आतप में दीर्घकाल;
सूखी भूमि, सूखे तरु,
सूखे सिक्त आलबाल;
बन्द हुआ गुंज, धूलि-
धूसर हो गये कुंज,
किन्तु पड़ी व्योम-उर
बन्धु, नील मेघ-माल।

●●

इक्यावन

लू के झोंकों झुलसे हुए थे जो,
भरा दौंगरा उन्हीं पर गिरा।
उन्हीं बीजों के नये पर लगे,
उन्हीं पौधों से नया रस झिरा।

उन्हीं खेतों पर गये हल चले,
उन्हीं माथों पर नये बल पड़े,
उन्हीं पेड़ों पर नये फल फले,
जवानी फिरी जो पानी फिरा।

पुरवा हवा की नमी बढ़ी,
जुही के जहाँ की लड़ी कढ़ी,
सविता ने क्या कविता पढ़ी,
बदला है बादल से सिरा।

जग के अपावन धुल गये,
ढेले गड़नेवाले थे घुल गये,
समता के दृग दोनों तुल गये,
तपता गगन घन से घिरा।

●●

बावन

उत्साह

बादल, गरजो!—
घेर-घेर घोर गगन, धाराधर ओ!
ललित ललित, काले घुँघराले,
बाल कल्पना के-से पाले,
विद्युत-छबि उर में, कवि, नवजीवन वाले!
वज्र छिपा, नूतन कविता
फिर भर दो :—
बादल, गरजो!
विकल विकल, उन्मन थे उन्मन
विश्व के निदाघ के सकल जन,
आये अज्ञात दिशा से अनन्त के घन!
तप्त धरा, जल से फिर
शीतल कर दो :—
बादल, गरजो!

●●

तिरपन

बादल छाये,
ये मेरे अपने सपने
आँखों से निकले, मँडलाये।

बूँदें जितनी
चुनी अधखिली कलियाँ उतनी;
बूँदों की लड़ियों के इतने
हार तुम्हें मैंने पहनाये।

गरजे सावन के घन घिर-घिर,
नाचे मोर वनों में फिर-फिर
जितनी बार
चढ़े मेरे भी तार

छन्द से तरह तरह तिर,
तुम्हें सुनाने को मैंने भी
नहीं कहीं कम गाने गाये।

●●

चौवन

बातें चलीं सारी रात तुम्हारी;
आँखें नहीं खुलीं प्रात तुम्हारी।

पुरवाई के झोंके लगे हैं,
जादू के जीवन में आ जगे हैं,
पारस पास कि राग रँगे हैं,
काँपी सुकोमल गात तुम्हारी

अनजाने जग को बढ़ने की
अनपढ़-पड़े पाठ पढ़ने की
जगी सुरति चोटी चढ़ने की;
यौवन की बरसात तुम्हारी।

●●

पचपन

काले-काले बादल छाये, न आये वीर जवाहरलाल।
कैसे-कैसे नाग मँडलाये, न आये वीर जवाहरलाल,

बिजली फन के मन की कौंधी, कर दी सीधी खोपड़ी औंधी,
सर पर सरसर करते धाये, न आये वीर जवाहरलाल।

पुरवाई की हैं फुफकारें, छन-छन ये बिस की बौछारें,
हम हैं जैसे गुफा में समाये, न आये वीर जवाहरलाल।

महगाई की बाढ़ बढ़ आई, गाँठ की छूटी गाढ़ी कमाई,
भूखे-नंगे खड़े शरमाये, न आये वीर जवाहरलाल।

कैसे हम बच पायें निहत्थे, बहते गये हमारे जत्थे,
राह देखते हैं भरमाये, न आये वीर जवाहरलाल।

●●

छप्पन

टूटी बाँह जवाहर की,
रनजित-लट छूटी पंडित की।
लोगों की निधि विधि ने लूटी,
किस्मत फूटी पंडित की।

विद्या का गया सहारा,
गीत का गला भी मारा,
कोई भी न ला सका रन
लछमन की बूटी पंडित की।

कब से ये दल-बादल घेरे
यह बिजली आँख तरेरे,
झंडे ले लेकर निकलीं
थी और बहूटी पंडित की

●●

सत्तावन

खुला आसमान

बहुत दिनों बाद खुला आसमान।
निकली है धूप, हुआ खुश जहान।

दिखीं दिशाएँ, झलके पेड़,
चरने को चले ढोर—गाय-भैंस-भेड़,
खेलने लगे लड़के छेड़-छेड़—
लड़कियाँ घरों को कर भासमान।

लोग गाँव-गाँव को चले,
कोई बाजार, कोई बरगद के पेड़ के तले
जाँघिया-लँगोटा ले, सँभले,
तगड़े-तगड़े सीधे नौजवान।

पनघट में बड़ी भीड़ हो रही,
नहीं ख्याल आज कि भीगेगी चूनरी,
बातें करती हैं वे सब खड़ी,
चलते हैं नयनों के सधे बान।

●●

अट्ठावन

आरे, गंगा के किनारे
झाऊ के वन से पगडंडी पकड़े हुए
रेती की खेती को छोड़ कर; फूँस की कुटी;
बाबा बैठे झारे-बहारे।

हवाबाज़ ऊपर घहराते हैं,
डाक सैनिक आते-जाते हैं
नीचे के लोग देखते हैं मन मारे।

रेलवे का पुल बँधा हुआ है,
अपना दिल है जहाँ कुआँ है,
उठने को आँख झपी, बैठे बेचारे।

पंडों के सुघर-सुघर घाट हैं,
तिनके की टट्टी के ठाट हैं,
यात्री जाते हैं श्राद्ध करते हैं,
कहते हैं, कितने तारे!

बाज साधक हैं और कढ़े भी हैं,
खारुए की पोथियाँ पढ़े भी हैं,
आँखों में तेज है, छाया है,
उस छबि की गेह सिधारे।

●●

उनसठ

बाहर मैं कर दिया गया हूँ। भीतर, पर, भर दिया गया हूँ।

ऊपर वह बर्फ गली है, नीचे यह नदी चली है;
सख्त तने के ऊपर नर्म कली है;
इसी तरह हर दिया गया हूँ। बाहर मैं कर दिया गया हूँ।

आँखों पर पानी है लाज का, राग बजा अलग-अलग साज़ का;
भेद खुला सविता के किरण-व्याज का;
तभी सहज वर दिया गया हूँ। बाहर मैं कर दिया गया हूँ।

भीतर, बाहर; बाहर भीतर; देखा जब से, हुआ अनश्वर;
माया का साधन यह सस्वर;
ऐसे ही धर दिया गया हूँ। बाहर मैं कर दिया गया हूँ।

●●

साठ

कुछ न हुआ, न हो।
मुझे विश्व का सुख, श्री, यदि केवल
पास तुम रहो!

मेरे नभ के बादल यदि न कटे—
चन्द्र रह गया ढका,
तिमिर-रात को तिरकर यदि न अटे
लेश गगन-भास का,
रहेंगे अधर हँसते, पथ पर, तुम
हाथ यदि गहो।

बहु-रस साहित्य विपुल यदि न पढ़ा—
मन्द सबों ने कहा,
मेरा काव्यानुमान यदि न बढ़ा—
ज्ञान, जहाँ का रहा,
रहे; समझ है मुझमें पूरी, तुम
कथा यदि कहो।

●●

इकसठ

मरण-दृश्य

कहा जो न, कहो!
नित्य-नूतन, प्राण, अपने
गान रच-रच दो!
विश्व सीमाहीन;
बाँधती जातीं मुझे कर-कर
व्यथा से दीन!
कह रही हो—"दुःख की विधि—
यह तुम्हें ला दी नयी निधि,
विहग के वे पंख बदले,—
किया जल का मीन;
मुक्त अम्बर गया अब हो
जलधि-जीवन को!"

सकल साभिप्राय;
समझ पाया था नहीं मैं,
थी तभी यह हाय!
दिये थे जो स्नेह-चुम्बन,
आज प्याले गरल के घन;
कह रही हो हँस-"पियो, प्रिय,
पियो, प्रिय, निरुपाय!
मुक्ति हूँ मैं, मृत्यु में
आयी हुई, न डरो!"

बासठ

मैं अकेला;
देखता हूँ, आ रही
        मेरे दिवस की सान्ध्य वेला।

पके आधे बाल मेरे
हुए निष्प्रभ गाल मेरे,
चाल मेरी मन्द होती आ रही,
                        हट रहा मेला।

जानता हूँ, नदी-झरने,
जो मुझे थे पार करने,
कर चुका हूँ, हँस रहा यह देख,
                        कोई नहीं भेला[1]।

●●

---

१. भेला—पुराने ढंग की नाव।

तिरसठ

स्नेह-निर्झर बह गया है।
रेत ज्यों तन रह गया है।

आम की यह डाल जो सूखी दिखी,
कह रही है—''अब यहाँ पिक या शिखी
नहीं आते, पंक्ति मैं वह हूँ लिखी
नहीं जिसका अर्थ—
जीवन दह गया है।''
''दिये हैं मैंने जगत् को फूल-फल,
किया है अपनी प्रभा से चकित-चल;
पर अनश्वर था सकल पल्लवित पल—
ठाट जीवन का वही
जो ढह गया है।''
अब नहीं आती पुलिन पर प्रियतमा,
श्याम तृण पर बैठने को, निरुपमा।
बह रही है हृदय पर केवल अमा;
मैं अलक्षित हूँ, यही
कवि कह गया है।

●●

चौंसठ

गहन है यह अन्ध कारा;
स्वार्थ के अवगुण्ठनों से
हुआ है लुण्ठन हमारा।
खड़ी है दीवार जड़ की घेरकर,
बोलते हैं लोग ज्यों मुँह फेरकर,
इस गगन में नहीं दिनकर,
नहीं शशधर, नहीं तारा।

कल्पना का ही अपार समुद्र यह,
गरजता है घेरकर तनु, रुद्र यह,
कुछ नहीं आता समझ में,
कहाँ है श्यामल किनारा।

प्रिय, मुझे वह चेतना दो देह की,
याद जिससे रहे वंचित गेह की,
खोजता-फिरता, न पाता हुआ,
मेरा हृदय हारा।

●●

पैंसठ

मरण को जिसने वरा है
उसी ने जीवन भरा है।
परा भी उसकी, उसी के
अंक सत्य यशोधरा है।

सुकृत के जल से विसिंचित
कल्प-किंचित विश्व-उपवन,
उसी की निस्तन्द्र चितवन
चयन करने को हरा है।

गिरिपताक उपत्यका पर
हरित तृण से घिरी तन्वी
जो खड़ी है वह उसी की
पुष्पभरणा अप्सरा है।

जब हुआ वंचित जगत् में
स्नेह से, आमर्ष के क्षण,
स्पर्श देती है किरण जो,
उसी की कोमलकरा है।

●●

छाछठ

दलित जन पर करो करुणा।
दीनता पर उतर आये
प्रभु, तुम्हारी शक्ति अरुणा।
हरे तन-मन प्रीति पावन,
मधुर हो मुख मनोभावन,
सहज चितवन पर तरंगित
जो तुम्हारी किरण तरुणा।
देख वैभव न हो नत सिर,
समुद्धत मन सदा हो स्थिर,
पार कर जीवन निरन्तर
रहे बहती भक्ति-वरुणा।

●●

सरसठ

मुसीबत में कटे हैं दिन,
मुसीबत में कटीं रातें।
लगी हैं चाँद-सूरज से
निरन्तर राहु की घातें।

जो हस्ती से हुए हैं पस्त,
समझे हैं वही क्या है,
गुजरती जिन्दगी के साथ
हरकत से भरी बातें।

कड़ाई से दबी है कोमला,
यह माजरा, सच है—
झपटने के लिए बलि पर
सिकुड़ती हैं बली आँतें।

सुखों की सोई दुनियाँ में
जगी जो वह भी ग़फलत है;
कहाँ हैं गेह की बातें;
कहाँ हैं स्नेह की मातें।

●●

अड़सठ

स्वर के सुमेरु से झरझरकर
आये हैं शब्दों के शीकर।

कर फैलाये थी डाल-डाल
मंजरित हो गयी लता-माल,
वन-जीवन में फैला सुकाल,
बढ़ता जाता है तरु-मर्मर।

कानों में बतलाई चम्पा,
कमलों से खिली हुई पम्पा,
तट पर कामिनी कनक-कम्पा।
भरती है रँगी हुई गागर।

कलरव के गीत सरल शतशत
बहते हैं जिस नद में अविरत,
नाद की उसी वीणा से हत
होकर झंकृत हो जीवन-वर

उनहत्तर

शुभ्र आनन्द आकाश पर छा गया,
रवि गा गया किरणगीत।
श्वेत शतदल कमल के अमल खुल गये,
विहग-कुल-कण्ठ उपवीत।

चरण की ध्वनि सुनी, सहज शंका गुनी,
छिप गये जन्तु भयभीत।
बालुका की चुनी पुरलगी सुरधुनी;
हो गये नहाकर प्रीत।

किरण की मालिका पड़ी तनुपालिका,
समीरण बहा समधीत।
कण्ठ रत पाठ में, हाट में, बाट में;
खुल गया ग्रीष्म या शीत।

●●

सत्तर

ब़ीन की झंकार कैसी बस गयी मन में हमारे।
धुल गयीं आँखें जगत् की, खुल गये रवि-चन्द्र-तारे।

शरत के पंकज सरोवर के हृदय के भाव जैसे
खिल गये हैं पंक से उठकर विमल विश्राव जैसे,
गन्धस्वर पीकर दिगन्तों से भ्रमर उन्मद पधारे।

पवन के उर में भरा कम्पन प्रणय का मन्द गतिक्रम
कर रहा है समम जग को सुप्ति से जो हुआ निर्मम,
हारकर जन सकल जीते जीतकर जन सकल हारे।

भर गयी विज्ञान माया, कर गयी आलोक छाया,
छुट गयी मिलकर हृदयधन से प्रिया की प्रकृत काया,
दिग्वधू ने दन्तियों के मलिनता-मद यथा झारे।

●●

इकहत्तर

वेश-रूखे, अधर-सूखे,
पेट-भूखे, आज आये।
हीन-जीवन, दीन-चितवन,
क्षीण आलम्बन बनाये।

तिमिर ने जब घेरकर
तुमको प्रकाश हरा तुम्हारा,
इस धरा के पार खोला द्वार
कृति ने, विश्व हारा;
जग गयी जनता, हुए लुंठित
मुकुट, जीवन सुहाये।

प्यास पानी से बुझाने को
बुझायी रक्त से जब,
आँख से आया लहू,
लोहा बजाया शक्त से जब,
रुंडमुंडों से भरे हैं खेत
गोलों से बिछाये।

●●

बहत्तर

किनारा वह हमसे किये जा रहे हैं।
दिखाने को दर्शन दिये जा रहे हैं।

जुड़े थे सुहागिन के मोती के दाने,
वही सूत तोड़े लिये जा रहे हैं।

छिपी चोट की बात पूछी तो बोले
निराशा के डोरे सिये जा रहे हैं।

जमाने की रफ़्तार में कैसा तूफ़ाँ
मरे जा रहे हैं, जिये जा रहे हैं।

खुला भेद, विजयी कहाये हुए जो,
लहू दूसरे का पिये जा रहे हैं।

●●

तिहत्तर

किसकी तलाश में हो इतने उतावले-से?
दुनियाँ ने मुँह चुराया सायास बावले से।

खींचे बगैर नभ से झरता नहीं शिशिर-कण;
तेल आँच जब न खाया निकला कब आँवले से?

बहुतों ने राह तै की, सँभले न पैर फिर भी;
जैसा दिखा था पहले, देखा न काँवले से।

आया मज़ा कि लाखों आँखों से दम घुटा है,
पटली है बैठने को गोरे की साँवले से।

●●

चौहत्तर

जल्द-जल्द पैर बढ़ाओ, आओ, आओ!

आज अमीरों की हवेली
किसानों की होगी पाठशाला,
धोबी, पासी, चमार, तेली
खोलेंगे अँधेरे का ताला,
एक पाठ पढ़ेंगे, टाट बिछाओ।

यहाँ जहाँ सेठ जी बैठे थे
बनिये की आँख दिखाते हुए,
उनके ऐंठाये ऐंठे थे
धोखे पर धोखा खाते हुए,
बैंक किसानों का खुलाओ।

सारी सम्पत्ति देश की हो,
सारी आपत्ति देश की बने,
जनता जातीय वेश की हो,
वाद से विवाद यह ठने,
काँटा काँटे से कढ़ाओ।

●●

पचहत्तर

ख़ून की होली जो खेली[1]

युवकजनों की है जान;
. ख़ून की होली जो खेली।
पाया है लोगों में मान,
ख़ून की होली जो खेली।
रंग गये जैसे पलाश;
कुसुम किंशुक के सुहाये,
कोकनद के पाये प्राण,
ख़ून की होली जो खेली।
निकले क्या कोंपल लाल,
फाग की आग लगी है,
फागुन की टेढ़ी तान,
ख़ून की होली जो खेली।
खुल गई गीतों की रात,
किरन उतरी है प्रात की;—
हाथ कुसुम-वरदान,
ख़ून की होली जो खेली।
आई सुवेश बहार,
आम-लीची की मंजरी;
कटहल की अरघान,
ख़ून की होली जो खेली।

---

१. '४६ के विद्यार्थियों के देशप्रेम के सम्मान में।

विकच हुए कचनार;
हार पड़े अमलतास के;
पाटल-होंठों मुसकान,
ख़ून की होली जो खेली।

●●

छिहत्तर

झींगुर डटकर बोला

गान्धीवादी आये,
कांग्रेसमैन टेढ़े के;
देर तक, गान्धीवाद क्या है, समझाते रहे।
देश की भक्ति से,
निर्विरोध शक्ति से,
राज अपना होगा;
ज़मींदार, साहूकार अपने कहलाएँगे
शासन की सत्ता हिल जाएगी;
हिन्दू और मुसलमान
वैरभाव भूलकर जल्द गले लगेंगे,
जितने उत्पात हैं;
नौकरों के लिए हुए;
जब तक इनका कोई
एक आदमी भी होगा,
चूल नहीं बैठने की।
इस प्रकार जब बघार चलती थी,
ज़मींदार का गोड़इत
दोनाली लिये हुए
एक खेत फ़ासले से
गोली चलाने लगा।
भीड़ भगने लगी।
कान्स्टेब्ल खड़ा हुआ ललकारता रहा।
झींगुर ने कहा,
"चूँकि हम किसान-सभा के,

भाई जी के मददगार
ज़मींदार ने गोली चलवाई
पुलिस के हुक्म की तामीली को।
ऐसा यह पेम है।''

●●

सतहत्तर

राजे ने अपनी रखवाली की

राजे ने अपनी रखवाली की;
क़िला बनाकर रहा;
बड़ी-बड़ी फौजें रखीं।
चापलूस कितने सामन्त आये।
मतलब की लकड़ी पकड़े हुए।
कितने ब्राह्मण आये
पोथियों में जनता को बाँधे हुए।
कवियों ने उसकी बहादुरी के गीत गाये,
लेखकों ने लेख लिखे,
ऐतिहासिकों ने इतिहासों के पन्ने भरे,
नाट्यकलाकारों ने कितने नाटक रचे,
रंगमंच पर खेले।
जनता पर जादू चला राजे के समाज का।
लोक-नारियों के लिए रानियाँ आदर्श हुईं।
धर्म का बढ़ावा रहा धोखे से भरा हुआ।
लोहा बजा धर्म पर, सभ्यता के नाम पर।
ख़ून की नदी बही।
आँख-कान मूदकर जनता ने डुबकियाँ लीं।
आँख खुली—राजे ने अपनी रखवाली की।

अठहत्तर

चर्खा चला

वेदों का चर्ख़ा चला,
सदियाँ गुज़रीं।
लोग-बाग़ बसने लगे,
फिर भी चलते रहे।
गुफ़ाओं से घर उठाये।
ऊँचे से नीचे उतरे।
भेड़ों से गायें रखीं।
जंगल से बाग और उपवन तैयार किये।
खुली ज़बाँ बँधने लगी।
वैदिक से सँवर-दी भाषा संस्कृत हुई।
नियम बने, शुद्ध रूप लाये गये,
अथवा जंगली सभ्य हुए वेशवास से।
कड़े कोस ऐसे कटे।
खोज हुई, सुख के साधन बढ़े—
जैसे उबटन से साबुन।

वेदों के बाद जाति चार भागों में बँटी,
यही रामराज है।
वाल्मीकि ने पहले वेदों की लीक छोड़ी
छन्दों में गीत रचे, मन्त्रों को छोड़कर,
मानव को मान दिया,
धरती की प्यारी लड़की सीता के गाने गाये।
कली ज्योति में खिली
मिट्टी से चढ़ती हुई।
'वर्जिन स्वैल', 'गुड अर्थ', अब के परिणाम हैं।

कृष्ण ने भी ज़मीं पकड़ी,
इन्द्र की पूजा की जगह
गोवर्धन को पुजाया;
मानव को, गायों और बैलों को मान दिया।

हल को बलदेव ने हथियार बनाया,
कन्धे पर डाले फिरे।
खेती हरी-भरी हुई।
यहाँ तक पहुँचते अभी दुनियाँ को देर है।

●●

उन्यासी

दग़ा की

चेहरा पीला पड़ा।
रीढ़ झुकी। हाथ जोड़े।
आँख का अँधेरा बढ़ा।
सैकड़ों सदियाँ गुज़रीं।
बड़े-बड़े ऋषि आये, मुनि आये, कवि आये,
तरह-तरह की वाणी जनता को दे गये।
किसी ने कहा कि एक तीन हैं,
किसी ने कहा कि तीन तीन हैं।
किसी ने नसें टोईं, किसी ने कमल देखे।
किसी ने विहार किया, किसी ने अँगूठे चूमे।
लोगों ने कहा कि धन्य हो गये।
मगर खंजड़ी न गई।
मृदंग तबला हुआ,
वीणा सुर-बहार हुई।
आज पियानों के गीत सुनते हैं।
पौ फटी।
किरनों का जाल फैला।
दिशाओं के होंठ रँगे
दिन में, वेश्याएँ जैसे रात में।
दग़ा की इस सभ्यता ने दग़ा की।

●●

अस्सी

कुकुरमुत्ता : १

एक थे नव्वाब,
फ़ारस से मँगाये थे गुलाब।
बड़ी बाड़ी में लगाये
देशी पौधे भी उगाये
रखे माली कई नौकर
ग़ज़नवी का बाग़ मनहर
लग रहा था।
एक सपना जग रहा था
साँस पर तहजीब की,
गोद पर तरतीब की।
क्यारियाँ सुन्दर बनीं।
चमन में फैली घनी।
फूलों के पौधे वहाँ
लग रहे थे खुशनुमा।
बेला, गुलशब्बो, चमेली, कामिनी,
जुही, नरगिस, रातरानी, कमलिनी,
चम्पा, गुलमेंहदी, गुलखैरू, गुलअब्बास,
गेंदा, गुलदाऊदी, निवाड़ी, गन्धराज,
और कितने फूल, फ़व्वारे कई,
रंग अनेकों—सुर्ख, धानी, चम्पई,
आसमानी, सब्ज, फ़ीरोजी, सफेद,
जर्द बादामी, बसन्ती, सभी भेद।
फलों के भी पेड़ थे,
आम, लीची, सन्तरे और फालसे।

चटकती कलियाँ, निकलती मृदुल गन्ध,
गले लगकर हवा चलती मन्द-मन्द,
चहकते बुलबुल, मचलती टहनियाँ,
बाग चिड़ियों का बना था आशियाँ।
साफ़ राहें, सरो दोनों ओर,
दूर तक फैले हुए कुछ छोर,
बीच में आरामगाह
दे रही थी बड़प्पन की थाह।
कहीं झरने, कहीं छोटी-सी पहाड़ी,
कहीं सुथरा चमन, नकली कहीं झाड़ी।

आया मौसिम, खिला फ़ारस का गुलाब,
बाग पर उसका पड़ा था रोबोदाब;
वहीं गन्दे में उगा देता हुआ बुत्ता
पहाड़ी से उठे सर ऐंठकर बोला कुकुरमुत्ता—
"अबे, सुन बे, गुलाब,
भूल मत जो पाई खुशबू, रंगोआब,
खून चूसा खाद का तूने अशिष्ट,
डाल पर इतराता है केपीटलिस्ट!
कितनों को तूने बनाया है गुलाम,
माली कर रक्खा, सहाया जाड़ा-घाम,
हाथ जिसके तू लगा,
पैर सर रखकर व' पीछे को भगा
औरत की जानिब मैदान यह छोड़कर,
तबेले को टट्टू जैसे तोड़ कर,
शाहों, राजों, अमीरों का रहा प्यारा
तभी साधारणों से तू रहा न्यारा।
वरना क्या तेरी हस्ती है, पोच तू
काँटों ही से भरा है यह सोच तू
कली जो चटकी अभी

सूखकर काँटा हुई होती कभी।
रोज़ पड़ता रहा पानी,
तू हरामी ख़ानदानी।
चाहिए तुझको सदा मेहरुन्निसा
जो निकाले इत्र, रू, ऐसी दिशा
बहाकर ले चले लोगों को, नहीं कोई किनारा
जहाँ अपना नहीं कोई भी सहारा
ख्वाब में डूबा चमकता हो सितारा
पेट में डँड़ पेले हो चूहे, ज़बाँ पर लफ़्ज़ प्यारा।

देख मुझको, मैं बढ़ा
डेढ़ बालिश्त और ऊँचे पर चढ़ा
और अपने से उगा मैं
बिना दाने का चुगा मैं
क़लम मेरा नहीं लगता
मेरा जीवन आप जगता
तू है नक़ली, मैं हूँ मौलिक
तू है बकरा, मैं हूँ कौलिक
तू रंगा और मैं धुला
पानी मैं, तू बुलबुला
तूने दुनियाँ को बिगाड़ा
मैंने गिरते से उभाड़ा
तूने रोटी छीन ली ज़नखा बनाकर
एक की दो तीन मैंने गुन-सुनाकर।

काम मुझसे ही सधा है
शेर भी मुझसे गधा है।
चीन में मेरी नक़ल, छाता बना
छत्र भारत का वही, कैसा तना
सब जगह तू देख ले
आज का फिर रूप पैराशूट ले।

विष्णु का मैं ही सुदर्शन चक्र हूँ।
काम दुनियाँ में पड़ा ज्यों, वक्र हूँ।
उलट दे, मैं ही जसोदा की मथानी
और भी लम्बी कहानी—
सामने ला, कर मुझे बेंड़ा
देख कैंड़ा
तीर से खींचा धनुष मैं राम का।
काम का—
पड़ा कन्धे पर हूँ हल बलराम का।
सुबह का सूरज हूँ मैं ही
चाँद मैं ही शाम का
कलजुगी मैं ढाल
नाव का मैं तला नीचे और ऊपर पाल।
मैं ही डाँड़ी से लगा पल्ला
सारी दुनियाँ तोलती ग़ल्ला।
मुझसे मूँछें, मुझसे कल्ला
मेरे लल्लू, मेरे लल्ला
कहे रुपया या अधन्ना
हो बनारस या न्यवन्ना
रूप मेरा, मैं चमकता
गोला मेरा ही बमकता।
लगाता हूँ पार मैं ही
डूबता मझधार मैं ही।
डब्बे का मैं ही नमूना
पान मैं ही, मैं ही चूना।

मैं कुकुरमुत्ता हूँ,
पर बेन्ज़ाइन (Benzoin) वैसे
बने दर्शनशास्त्र जैसे।
ओमफलस (Omphalos) और ब्रह्मावर्त

वैसे ही दुनियाँ के गोले और पर्त
जैसे सिकुड़न और साड़ी,
ज्यों सफाई और माड़ी।
कास्मोपालीटन् और मेट्रोपालीटन्
जैसे फ्रायड् और लीटन्।
फ़ेलसी और फ़लसफ़ा।
ज़रूरत और हो रफ़ा।
सरसता में फ्राड्
केपीटल् में जैसे लेनिनग्राड
सच समझ जैसे रक़ीब
लेखकों में लंठ जैसे खुशनसीब।

मैं डबल जब, बना डमरू
इकबग़ल, तब बना वीणा।
मन्द्र होकर कभी निकला
कभी बनकर ध्वनि क्षीणा।
मैं पुरुष और मैं ही अबला।
मैं मृदंग और मैं ही तबला।
चुन्ने खाँ के हाथ का मैं ही सितार
दिगम्बर का तानपूरा, हसीना का सुरबहार।
मैं ही लायर, लीरिक मुझसे ही बने
संस्कृत, फ़ारसी, अरबी, ग्रीक, लैटिन के जने
मंत्र ग़ज़लें, गीत। मुझसे ही हुए शैदा
जीते हैं, फिर मरते हैं, फिर होते हैं पैदा।
वायलिन् मुझसे बजा।
बेंजो मुझसे बजा।
घण्टा, घण्टी, ढोल, डफ, घड़ियाल,
शंख, तुरही, मजीरे, करताल,
कारनेट्, क्लेरीअनेट्, ड्रम, फ्लूट, गिटार,
बजानेवाले हसन खाँ, बुद्धू, पीटर,

मानते हैं सब मुझे ये बायें से,
जानते हैं दायें से।

ताताधिन्ना चलती है जितनी तरह
देख, सब में जगी है मेरी निगाह।
नाच में यह मेरा ही जीवन खुला
पैरों से मैं ही तुला।
कत्थक हो या कथकली या बाल-डान्स,
क्लियोपेट्रा, कमल-भौंरा, कोई रोमान्स
बहेलिया हो, मोर हो, मणिपुरी, गरबा,
पैर, माझा, हाथ, गरदन, भौंहें मटका
नाच अफ्रीकन हो या यूरोपीयन,
सब में मेरी ही गढ़न।
किसी भी तरह का हाव-भाव,
मेरा ही रहता है, सबमें ताव।
मैंने बदले पैंतरे,
जहाँ भी शासक लड़े।
पर हैं प्रोलेटेरियन झगड़े जहाँ,
मियाँ-बीबी के, क्या कहना है वहाँ।
नाचता है सूदखोर जहाँ कहीं ब्याज डुचता,
नाच मेरा क्लाइमेक्स को पहुँचता।

नहीं मेरे हाड़, काँटे, काठ या,
नहीं मेरा बदन आठोगाँठ का।
रस-ही-रस मैं हो रहा
सफेदी को जहन्नम रो कर रहा।
दुनियाँ में सबने मुझी से रस चुराया,
रस में मैं डूबा-उतराया।
मुझी में गोते लगाये वाल्मीकि-व्यास ने
मुझी से पोथे निकाले भास-कालिदास ने।

टुकुर-टुकुर देखा किये मेरे ही किनारे खड़े
हाफ़िज-रवीन्द्र जैसे विश्वकवि बड़े-बड़े।
कहीं का रोड़ा, कहीं का पत्थर
टी०एस० एलीयट ने जैसे दे मारा
पढ़ने वालों ने भी जिगर पर रखकर
हाथ, कहा, 'लिख दिया जहाँ सारा।''
ज्यादा देखने को आँख दबाकर
शाम को किसी ने जैसे देखा तारा।
जैसे प्रोग्रेसीव का क़लम लेते ही
रोके नहीं रुकता जोश का पारा।
यहीं से यह कुल हुआ
जैसे अम्मा से बुआ।
मेरी सूरत के नमूने पीरामीड्
मेरा चेला था यूक्लीड्।
रामेश्वर, मीनाक्षी, भुवनेश्वर,
जगन्नाथ, जितने मन्दिर सुन्दर
मैं ही सबका जनक
जेवर जैसे कनक।
हो कुतुबमीनार,
ताज, आगरा या फ़ोर्ट चुनार,
विक्टोरिया मेमोरियल, कलकत्ता,
मस्जिद, बगदाद, जुम्मा, अलबत्ता,
सेन्ट पीटर्स गिरजा हो या घण्टाघर,
गुम्मदों में, गढ़न में मेरी मुहर।
एरियन हो, पर्शियन या गाथिक आर्च
पड़ती है मेरी ही टार्च।
पहले के हों, बीच के या आज के
चेहरे से पिद्दी के हों या बाज के।
चीन के, फ़ारस के या जापान के
अमेरिका के, रूस के, इटली के, इंगलिस्तान के।

ईंट के, पत्थर के हों या लकड़ी के
कहीं की भी मकड़ी के।
बुने जाले जैसे मकाँ कुल मेरे
छत्ते के हैं घेरे।

सर सभी का फाँसने वाला हूँ ट्रेप
टर्की टोपी, दुपलिया या किश्ती-केप।
और जितने, लगा जिनमें स्ट्रा या मेट,
देख, मेरी नक्ल है अँगरेज़ी हेट।
घूमता हूँ सर चढ़ा,
तू नहीं, मैं ही बड़ा।''

●●

तृतीय चरण (१९५०-६१)

इक्यासी

वरद हुईं शारदा जी हमारी,
पहनी वसन्त की माला सँवारी।

लोक विशोक हुए, आँखों से
उड़े गगन लाखों पाँखों से,
कायलें मंजरी की शाखों से,
गाईं सुमंगल होली तुम्हारी।

नाचे मयूर प्रात के फूटे
पात के मेघ तले, सुख लूटे,
कामिनी के मन मूठ से छूटे,
मिलने खिलने को ललकी निवारी।

●●

बयासी

कूची तुम्हारी फिरी कानन में,
फूलों के आनन आनन में।

फूटे रंग वसन्ती, गुलाबी,
लाल पलास, लिये सुख, स्वाबी;
नील, श्वेत शतदल सर के जल,
चमके हैं केशर पंचानन में

●●

तिरासी

कुंज-कुंज कोयल बोली है,
स्वर की मादकता घोली है।

काँपा है घन पल्लव-कानन,
गूँजी गुहा श्रवण-उन्मादन,
तने सहज छादन-आच्छादन,
नस ने रस-वशता तोली है।

गृह-वन जरा-मरण से जीकर,
प्राणों का आसव पी-पीकर,
झरे पराग-गन्ध-मधु-शीकर,
सुरभित पल्लव की चोली है।

तारक-तनु रवि के कर संचित,
नियमित अभिसारक जीवित सित
आमद-पद-भर मंजु-गुंजरित
अलिका की कलिका डोली है।

●●

चौरासी

फूटे हैं आमों में बौर,
भौंर वन-वन टूटे हैं।
होली मची ठौर-ठौर,
सभी बन्धन छूटे हैं।

फागुन के रंग राग,
बाग-वन फाग मचा है,
भर गये मोती के झाग,
जनों के मन लूटे हैं।

माथे अबीर से लाल,
गाल सेंदुर के देखे,
आँखें हुई हैं गुलाल,
गेरू के ढेले कूटे हैं।

●●

पचासी

अट नहीं रही है
आभा फागुन की तन
सट नहीं रही है।

कहीं साँस लेते हो,
घर-घर भर देते हो,
उड़ने को नभ में तुम
पर-पर कर देते हो,
आँख हटाता हूँ तो
हट नहीं रही है।

पत्तों से लदी डाल
कहीं हरी, कहीं लाल,
कहीं पड़ी है उर में,
मन्द-गन्ध - पुष्प-माल,
पाट-पाट शोभा-श्री
पट नहीं रही है।

●●

छियासी

खेलूँगी कभी न होली
उससे जो नहीं हमजोली।

यह आँख कहीं कुछ बोली,
यह हुई श्याम की तोली,
ऐसी भी रही ठठोली,
गाढ़े-रेशम की चोली—

अपने से अपनी धो लो,
अपना घूँघट तुम खोलो,
अपनी ही बातें बोलो,
मैं बसी परायी टोली।

जिनसे होगा कुछ नाता,
उनसे रह लेगा माथा,
उनसे हैं जोड़-जाँता,
मैं मोल दूसरे मोली।

●●

सत्तासी

केशर की, कलि की पिचकारी :
पात-पात की गात सवारी।

राग-पराग-कपोल किये हैं,
लाल-गुलाल अमोल लिये हैं,
तरु-तरु के तन खोल दिये हैं,
आरती जोत-उदोत उतारी—
गन्ध-पवन की धूप धवारी।

गाये खग-कुल-कंठ गीत शत,
संग मृदंग तरंग-तीर-हत,
भजन मनोरंजन-रत अविरत,
राग-राग को फलित किया री—
विकल-अंग कल गगन-विहारी।

●●

अट्ठासी

गोरे अधर मुसकाई
हमारी वसन्त विदाई।
अंग-अंग बलखाई।
हमारी वसन्त विदाई।

परिमल के निर्झर जो बहे ये,
नयन खुले कहते ही रहे ये—
जग के निष्ठुर घात सहे ये,
बात न कुछ बन पाई,
कहाँ से कहाँ चली आई।

भाल लगा ऊषा का टीका,
चमका सहज सँदेसा पी का,
छूटा भय-पतिपावन जी का,
फूटी तरुण अरुणाई,
कि छुट गई और सगाई।

●●

नवासी

फिर उपवन में खिली चमेली।
मन्द पवन गन्ध की अकेली।

छीन लिये सुख साज आज के,
रूपवती युवती समाज के—
बादल के दल के दल के बल
कोमल कमल विलास सहेली।

अपराजिता, नयन की सुनियत,
अपने ही यौवन से विव्रत,
जुही, मालती आदिक सखियाँ
हँसती, करती हैं रँगरेली।

नब्बे

फिर बेले में कलियाँ आईं।
डालों की अलियाँ मुसकाईं।
सींचे बिना रहे जो जीते,
स्फीत हुए सहसा रस पीते;
नस-नस दौड़ गई हैं खुशियाँ
नैहर की ललियाँ लहराईं।
सावन, कजली, बारहमासे
उड़-उड़ कर पूर्वा में भासे;
प्राणों के पलटे हैं पासे,
पात-पात की साँसें छाईं।
आमों की सुगन्ध से खिंच कर
वैदेशिक जन आये हैं घर,
बन्दनवार बँधे हैं सुन्दर,
सरिताएँ उमड़ीं, उतराईं।

●●

इक्यानबे

मालती खिली, कृष्ण मेघ की।

छायाकुल हो गयी धरा,
कर-पीड़न से मधुरतरा—
विपुल पल्लवित मनोहरा,
दृगों से मिली।

स्निग्ध हो गया निदाघ-दाह,
मन्द-मन्द गन्ध का प्रवाह,
गली-गली गीला उत्साह,
पत्रिका हिली।

उग आये अंकुर जीवन,
धान, ज्वार, अरहर औ' सन,
बही पुनः गन्ध से पवन
पके आम की।

●●

बानबे

बाँधो न नाव इस ठाँव, बन्धु!
पूछेगा सारा गाँव, बन्धु!

यह घाट वही जिस पर हँसकर,
वह कभी नहाती थी धँसकर,
आँखें रह जाती थीं फँसकर,
कँपते थे दोनों पाँव बन्धु!

वह हँसी बहुत कुछ कहती थी,
फिर भी अपने में रहती थी,
सबकी सुनती थी, सहती थी,
देती थी सबके दाँव, बन्धु!

●●

तिरानबे

फिर नभ घन घहराये।
छाये, बादल छाये।

कौंधी चपला अलक-बन्ध की
परी प्रिया के मुख की छबि-सी,
बूँदों सुख के आँसू ढल कर,
पृथ्वी के उर आये।

दिवस निशा का सुखद स्वप्न है
ज्योतिश्छाया देश लग्न है,
आतप के कुम्हलाये खुलकर
मुख-प्रसून भाये।

उगी दूब की अति हरियाली,
गली-गली सुख-सेज बिछा ली,
प्रकृति-सुन्दरी ने शोभा के
रँग, कर दिखलाये।

●●

चौरानबे

प्यासे तुमसे भरकर हरसे।
सावन घन प्राणों में बरसे।

उनकी आँखों में श्याम घटा,
विद्युत की नस-नस नई छटा,
फैली हरियाली अटा-अटा
अंगों के रंगों के परसे।

अविरत रिमझिम वीणा द्रिमद्रिम;
प्रति छन रेलती पवन पश्चिम
मृदंग वादन, गति अविकृत्रिम
जी के भीतर से, बाहर से।

●●

पंचानबे

ज़िधर देखिये, श्याम विराजे।
श्याम कुंज, वन, यमुना श्यामा,
श्याम गगन, घन-वारिद गाजे।

श्याम धरा, तृण-गुल्म श्याम हैं
श्याम सुरभि-अंचल दल साजे;
श्याम बलाका, शालि श्याम हैं,
श्याम-विजय-बाजे नभ बाजे।

श्याम मयूर, कोकिला श्यामा,
कूजन, नृत्य श्याम मृदु माजे;
श्याम काम, रवि श्याम मध्य दिन,
श्याम नयन काजल के आँजे।

श्रुति के अक्षर श्याम देखिये,
दीप-शिखा पर श्याम निवाजे;
श्याम तामरस, श्याम सरोवर
श्याम अनिल, छवि श्याम सँवाजे।

●●

छियानबे

पारस, मदन हिलोर न दे तन,
बरसे झूम-झूम-कर सावन।
बन द्रुमराज साज सब साजे,
बसन हरे उर उड़े, विराजे,
अलियों, जूही की कलियों की
मधु की गलियों नूपुर बाजे;
घर बिछड़े आये मन-भावन।

●●

सत्तानबे

केश के मेचक मेघ छुटे
पलक-पल्लव पगतलों लुटे।
सुख की इतराई आँखों में,
लगे फूल जैसे शाखों में,
मडलाई सुगन्ध से नभ—
रम्भा के रंग उठे।

खिंची खसी साड़ी की मुख छवि,
कभी नहीं जो दिखा उगा रवि,
गद्‌गद नद की भँवर-भँवर में,
दुःख के पौर टुटे।

●●

अट्ठानबे

धिक मनस्सब, मान, गरजे बदरवा।
झूले झिले, गान सरजे बदरवा।

चीर के धनुष के तीर छूटे, छटे,
बूँद के वारि के वसन बूटे बटे,
गले के चले गायन, चरायन पटे,
पेड़ के तल, अतल, लरजे बदरवा।

घुसे कामद शिखर, शिखर-गिरि फैल कर,
घन प्रवहमान, वन, शैल से शैल पर;
गायन ध्वनित ग्राम-ग्राम से नगर-घर
नागरी-नागरी; बरजे बदरवा।

●●

निन्यानबे (अ)

धिक मद, गरजे बदरवा,
चमकि बिजुली डरपावे,
सुहावे सघन झर, नरवा
कगरवा-कगरवा।

निन्यानबे (आ)

समझे, मनोहारि वरण जो हो सके,
उपजे बिना वारि के तिन न ढूह से।

सर नहीं सरोरुह, जीवन न देह में,
गेह में दधि, दुग्ध; जल नहीं मेह में,
रसना अरस, ठिठुर कर मृत्यु में परस,
हरि के हुए सरस तुम स्नेह से हँसे।

विश्व यह गतिशील अन्यथा नाश को,
अथवा पुनर्व्यथा, फिर जन्म-पाश को,
फिर कलुष, काल-कवलित निराश्वास को,
बिपरीत गति धरा, हरि करों से धसे।

●●

सौ

ताक कमसिनवारि,
ताक कम सिनवारि,
ताक कम सिन वारि,
सिनवारि, सिनवारि।

ता ककमसि नवारि,
ताक कमसि नवारि,
ताक कमसिन वारि,
कमसिन कमसिनवारि।

इरावनि समक कात्
इरावनि सम ककात्,
इराव निसम ककात्,
सम ककात् सिनवारि।

●●

एक सौ एक

शरत की शुभ्र गंध फैली;
खुली ज्योत्स्ना की सित शैली।

काले बादल धीरे-धीरे
मिटे गगन को चीरे-चीरे
पीर गई उर आये पी रे,
बदली द्युति मैली।

शीतावास खगों ने पकड़े,
चहचह से पेड़ों को जकड़े,
यौवन से वन-उपवन अकड़े,
ज्वारों की लटकी है थैली।

●●

एक सौ दो

आँख लगाई
तुमसे जब से, हमने चैन न पाई।

छल जो, प्राणों का सम्बल हुआ,
प्राणों का सम्बल निष्फल हुआ,
जंगल रमने का मंगल हुआ,
ज्योति जहाँ वहाँ अँधेरी घिर आई।

राह रही जहाँ वहाँ पन्थ न सूझा,
चाह रही जहाँ वहाँ एक न बूझा,
ऐसी तलवार चली कुनबा जूझा,
बन आई वह कि दूर हुई सगाई।

●●

एक सौ तीन

आँख बचाते हो
तो क्या आते हो?

काम हमारा बिगड़ गया
दिखा रूप जब कभी नया;
कहाँ तुम्हारी महा दया?
क्या क्या समझाते हो?—
आँख बचाते हो।

लीक छोड़कर कहाँ चलूँ?
दाने के बिना क्या तलूँ?
फूला जब नहीं क्या फलूँ?
क्या हाथ बटाते हो?—
आँख बचाते हो।

एक सौ चार

कौन गुमान करो जिन्दगी का?
जो कुछ है कुल मान उन्हीं का।

बाँधे हुए घर-बार तुम्हारे,
माथे है नील का टीका,
दाग़-दाग़, कुल अंग स्याह हैं
रग रहा है फीका—
तुम्हारा कोई न जी का।

एक भरोसा, एक सहारा,
वारा-न्यारा बन्दगी का,
ज्ञान गठा कब, मान हुआ कब,
ध्यान गया जब पी का,
बना कब आन किसी का?

●●

एक सौ पाँच

कठिन यह संसार, कैसे विनिस्तार?
ऊर्मि का पाथार कैसे करे पार?

अयुत भंगुर तरंगों टूटता सिन्धु,
तुमुल-जल-बल-भार, क्षार-तल, कुल बिन्दु,
तट-विटप लुप्त, केवल सलिल-संहार।

ऋतु-वलय सकल शय नाचते हैं यहाँ,
देख पड़ता नहीं, आँचते हैं यहाँ,
सत्य में झूठ, कुहरा-भरा संभार।

●●

एक सौ छः

कैसे हुई हार तेरी निराकार,
गगन के तारकों बन्द हैं कुल द्वार?

दुर्ग दुर्धर्ष यह तोड़ता है कौन?
प्रश्न के पत्र, उत्तर प्रकृति है मौन;
पवन इंगित कर रहा है—निकल पार।

सलिल की ऊर्मियों हथेली मारकर
सरिता तुझे कह रही है कारगर
बिपत से वारकर जब पकड़ पतवार।

क्षिति के चले सीत कहते बिनत भाव—
जीवन बिना अन्न के है विपन्नाव;
कैसे दुसह द्वार से करे निर्वार?

●●

एक सौ सात

गीत गाने दो मुझे तो,
वेदना को रोकने को।

चोट खाकर राह चलते
होश के भी होश छूटे,
हाथ जो पाथेय थे, ठग-
ठाकुरों ने रात लूटे,
कण्ठ रुकता जा रहा है,
आ रहा है काल देखो।

भर गया है जहर से
संसार जैसे हार खाकर,
देखते हैं लोग लोगों को
सही परिचय न पाकर,
बुझ गयी है लौ पृथा की,
जल उठी फिर सींचने को।

●●

एक सौ आठ

ये दुख के दिन
काटे हैं जिसने
गिन-गिनकर
पल-छिन तिन-तिन।
आँसू की लड़ के मोती के
हार पिरोये,
गले डालकर प्रियतम के
लखने को शशिमुख
दुःखनिशा में
उज्ज्वल अमलिन।

●●

एक सौ नौ

दुख़ता रहता है अब जीवन;
पतझड़ का जैसा वन-उपवन।

झर झर कर जितने पत्र नवल
कर गये रिक्त तनु का तरुदल,
हैं चिह्न शेष केवल सम्बल,
जिनसे लहराया था कानन।

डालियाँ बहुत-सी सूख गईं,
उनकी न पत्रता हुई नई,
आधे से ज्यादा घटा विटप,
बीज को चला है ज्यों क्षण-क्षण।

यह वायु वसन्ती आई है
कोयल कुछ क्षण कुछ गाई है,
स्वर में क्या भरी बुढ़ाई है,
दोनों ढलते जाते उन्मन।

●●

एक सौ दस

धीरे-धीरे हँसकर आई,
प्राणों की जर्जर परछाईं।

छाया-पथ घनतर से घनतम,
होता जो गया पंक-कर्दम,
ढकता रवि आँखों से सत्तम,
मृत्यु की प्रथम आभा भाईं।

क्या गले लगाना है बढ़कर,
क्या अलख जगाना अड़-अड़कर,
क्या लहराना है झड़-झड़कर,
जैसे तुम कहकर मुसकाईं।

पिछले कुछ खेल समाप्त हुए,
जो नहीं मिले वर प्राप्त हुए,
बीसों विष जैसे व्याप्त हुए,
फिर भी न कहीं तुम घबराईं।

●●

एक सौ ग्यारह

निविड़ विपिन, पथ अराल;
भरे हिंस्त्र जन्तु-व्याल।

मारे कर अन्धकार,
बढ़ता है अनिर्वार,
द्रुम-वितान, नहीं पार,
कैसा है जटिल जाल।

नहीं कहीं सुजलाशय,
सुस्थल, गृह, देवालय,
जगता है केवल भय,
केवल छाया विशाल।

अन्धकार के दृढ़ कर
बँधा जा रहा जर्जर,
तन उन्मीलन निःस्वर,
मन्द्र-चरण मरण-ताल।

●●

एक सौ बारह

शिशिर की शर्वरी,
हिंस्त्र पशुओं भरी।

ऐसी दशा विश्व की विमल लोचनों
देखी, जगा त्रास, हृदय संकोचनों
काँपा कि नाची निराशा दिगम्बरी।

मातः, किरण हाथ प्रातः बढ़ाया
कि भय के हृदय से पकड़कर छुड़ाया,
चपलता पर मिली अपल थल की तरी।

●●

एक सौ तेरह

घन तम से आवृत धरणी है;
तुमुल तरंगों की तरणी है।
मन्दिर में बन्दी हैं चारण,
चिघर रहे हैं वन में वारण,
रोता है बालक निष्कारण,
बिना-सरण-सारण भरणी है।

शत संहत आवर्त-विवर्तों,
जल पछाड़ खाता है पर्तों
उठते हैं पहाड़, फिर गर्तों
धँसते हैं मारण-रजनी है।

जीर्ण-शीर्ण होकर जीती है,
जीवन में रहकर रीती है,
मन की पावनता पीती है,
ऐसी यह अकाम सरणी है।

●●

एक सौ चौदह

नील जलधि जल,
नील गगन-तल,
नील कमल-दल,
नील नयन द्वय।

नील मृत्ति पर,
नील मृत्यु-शर,
नील अनिल-कर
नील निलय-लय।

नील मोर के
नील नृत्य रे,
नील कृत्य से,
नील शवाशय।

नील कुसुम-मग,
नील नग्न-नग,
नील शील-जग,
नील कराभय।

●●

एक सौ पन्द्रह

नील नयन, नील पलक;
नील वदन, नील झलक।

नील-कमल-अमल-हास,
केवल रवि-रजत भास,
नील - नील आस - पास,
वारिद-नव - नील छलक।

नील - नीर - पान - निरत,
जगती के जन अविरत,
नील नाल से आनत,
तिर्यक - अति - नील अलक।

●●

एक सौ सोलह

हारता है मेरा मन विश्व के समर में जब
कलरव से मौन ज्यों
शान्ति के लिए, त्यों ही
हार बन रही हूँ प्रिय, गले की तुम्हारी मैं,
विभूति की, गन्ध की, तृप्ति की, निशा की।

जानती हूँ तुममें ही
शेष है दान—मेरा अस्तित्व सब
दूसरा प्रभात जब फैलेगा विश्व में
कुछ न रह जाएगा तुझमें तब देने को।

किन्तु आजीवन तुम एक तत्त्व समझोगे—
और क्या अधिकतर विश्व में शोभन है,
अधिक प्राणों के पास, अधिक आनन्द मय,
अधिक कहने के लिए प्रगति सार्थकता।

●●

एक सौ सत्रह

भग्न तन, रुग्ण मन,
जीवन विषण्ण वन।

क्षीण क्षण-क्षण देह,
जीर्ण सज्जित गेह,
घिर गये हैं मेह,
प्रलय के प्रवर्षण।

चलता नहीं हाथ,
कोई नहीं साथ,
उन्नत, विनत माथ,
दो शरण, दोषरण।

एक सौ अठारह

मरा हूँ हजार मरण
पाई तब चरण-शरण।

फैला जो तिमिर-जाल
कट-कटकर रहा काल,
आँसुओं के अंशुमाल,
पड़े अमित सिताभरण।

जल-कलकल-नाद बढ़ा,
अन्तर्हित हर्ष कढ़ा,
विश्व उसी को उमड़ा,
हुए चारु-करण सरण।

●●

एक सौ उन्नीस

मधुर स्वर तुमने बुलाया,
छद्म से जो मरण आया।

बो गयी विष वायु पच्छिम,
मेघ के मद हुई रिमझिम,
रागिनी में मृत्यु द्रिमद्रिम,
तान में अवसान छाया।

चरण की गति में विरत लय,
साँस में अवकाश का क्षय,
सुषमता में असम संचय,
वरण में निश्शरण गाया।

●●

एक सौ बीस

हे जननि, तुम तपश्चरिता,
जगत की गति, सुमति भरिता।

कामना के हाथ थक कर
रह गये मुख विमुख बक कर,
निःस्व के उर विश्व के सुर
बह चली हो तमस्तरिता।

विवश होकर मिले शंकर,
कर तुम्हारे है विजय वर,
चरण पर मस्तक झुकाकर
शरण हूँ, तुम मरण सरिता।

●●

एक सौ इक्कीस

माँ, अपने आलोक निखारो,
नर को नरक-त्रास से वारो।

विपुल दिशावधि शून्य वर्गजन,
व्याधि-शयन जर्जर मानवमन,
ज्ञान-गगन से निर्जर जीवन
करुणा करो उतारो, तारो।

पल्लव में रस, सुरभि सुमन में,
फल में दल, कलरव उपवन में,
लाओ चारु-चयन चितवन में,
स्वर्ग धरा के कर तुम धारो।

●●

एक सौ बाईस

दुरित दूर करो नाथ,
अशरण हूँ, गहो हाथ।

हार गया जीवन-रण,
छोड़ गये साथी-जन,
एकाकी, नैश-क्षण,
कंटक-पथ, विगत पाथ।

देखा है, प्रात किरण,
फूटी है मनोरमण,
कहा, तुम्हीं को अशरण-
शरण, एक तुम्हीं साथ।

जब तक शत मोह जाल
घेर रहे हैं कराल—
जीवन के विपुल व्याल,
मुक्त करो, विश्वगाथ!

●●

एक सौ तेईस

भजन कर हरि के चरण, मन!
पार कर मायावरण, मन!

कलुष के कर से गिरे हैं
देह-क्रम तेरे फिरे हैं,
विपथ के रथ से उतरकर
बन शरण का उपकरण, मन!

अन्यथा है वन्य कारा
प्रबल पावस, मध्य धारा,
टूटते तन से पछड़कर
उखड़ जायेगा तरण, मन!

●●

एक सौ चौबीस

अशरण-शरण राम,
काम के छवि-धाम।

ऋषि - मुनि-मनोहंस,
रवि - वंश - अवतंस,
कर्मरत निश्शंस,
पूरो मनस्काम।

जानकी - मनोरम,
नायक सुचारुतम,
प्राण के समुद्यम,
धर्म धारण श्याम।

●●

एक सौ पच्चीस

सुख का दिन डूबे डूब जाय।
तुमसे न सहज मन ऊब जाय।

खुल जाय न मिली गाँठ मन की,
लुट जाय न उठी राशि धन की,
धुल जाय न आन शुभानन की,
सारा जग रूठे रूठ जाय।

उलटी गति सीधी हो न भले,
प्रति जन की दाल गले न गले,
टाले न बान यह कभी टले,
यह जान जाय तो खूब जाय।

●●

एक सौ छब्बीस

दुख भी सुख का बन्धु बना—,
पहले की बदली रचना—।

परम प्रेयसी आज श्रेयसी,
भीति अचानक गीति गेय की,
हेय हुई जो उपादेय थी,
कठिन, कमल-कोमल वचना—।

ऊँचा स्तर नीचे आया है,
तरु के तल फैली छाया है,
ऊपर उपवन फल लाया है,
छल से छुटकर मन अपना—।

●●

एक सौ सत्ताईस

ऊर्ध्व चन्द्र, अधर चन्द्र,
माझ मान मेघ मन्द्र।

क्षण-क्षण विद्युत् प्रकाश,
गुरु गर्जन मधुर भास,
कुज्झटिका अट्टहास,
अन्तर्दृग विनिस्तन्द्र।

विश्व अखिल मुकुल-बन्ध,
जैसे यतिहीन छन्द,
सुख की गति और मन्द,
भरे एक-एक रन्ध्र।

एक सौ अट्ठाईस

है मानस के सकाल!
छाया के अन्तराल!

रवि के, शशि के प्रकाश,
अम्बर के नील भास,
शारद-घन गहन-हास,
जगती के अंशुमाल।

मानव के रूप सुघर,
मन के अतिरेक अमर,
निःस्व विश्व के सुन्दर,
माया के तमोजाल।

●●

एक सौ उनतीस

जय तुम्हारी देख भी ली
रूप की गुण की, रसीली।
वृद्धि हूँ मैं, ऋद्धि की क्या,
साधना की, सिद्धि की क्या,
खिल चुका है फूल मेरा,
पंखड़ियाँ हो चलीं ढीली।

चढ़ी थी जो आँख मेरी,
बज रही थी जहाँ भेरी,
वहाँ सिकुड़न पड़ चुकी है।
जीर्ण है वह आज तीली।
आग सारी फुक चुकी है,
रागिनी वह रुक चुकी है,
स्मरण में है आज जीवन,
मृत्यु की है रेख नीली।

●●

एक सौ तीस

पत्रोत्कंठित जीवन का विष बुझा हुआ है,
आशा का प्रदीप जलता है हृदय-कुंज में,
अन्धकार पथ एक रश्मि से सुझा हुआ है
दिङ्निर्णय ध्रुव से जैसे नक्षत्र-पुंज में।
लीला का सम्वरण-समय फूलों का जैसे
फलों फले या झरे अफल, पातों के ऊपर
सिद्ध योगियों जैसे या साधारण मानव,
ताक रहा है भीष्म शरों की कठिन सेज पर।
स्निग्ध हो चुका है निदाघ, वर्षा भी कर्षित,
कल शारद कल्य की, हेम लोमों आच्छादित,
शिशिर-भिद्य, बौरा वसन्त आमों आमोदित;
बीत चुका है दिक्‌चुम्बित चतुरंग, काव्य, गति,
यतिवाला; ध्वनि, अलंकार, रस, राग बन्ध के
वाद्य-छन्द के रणित गणित छूट चुके हाथ मे—
क्रीड़ाएँ व्रीड़ा में परिणत। मल्ल भल्ल की
मारें मूर्छित हुई। निशाने चूक गये हैं।
झूल चुकी हैं खाल-ढाल की तरह तनी थी।
पुनः सबेरा एक और फेरा है जी का।

●●